DR. OETKER

WESTFALEN

KULINARISCH

DR. OETKER

WESTFALEN

KULINARISCH

CERES

Wer mit den Westfalen Freundschaft schließen will, der muß erst einen Sack Salz mit ihnen essen: Der Spruch ist so alt wie ungerecht und hält sich trotzdem hartnäckig.
Zugegeben, die Menschen zwischen Weser und Ems haben ihre Eigenarten. Wer hat die nicht ? Als „Sturköppe" werden sie allerdings nur von Fremden bezeichnet, die nie mit ihnen zusammengesessen haben. Traditions- und Selbstbewußtsein gehören zu ihrem Leben wie Pumpernickel und Korn. Die Westfalen genießen gern, was ihnen das Land schenkt – und teilen es mit dem Gast.
Dort, wo der Himmel noch voller Schinken hängt, wo Mettwurst und Sülze, Grünkohl und Stielmus, Bratkartoffeln und Pickert residieren, ist Essen noch unverfälschte Lebensart. Früher ging es dabei überwiegend deftig und kalorienreich zu, heute wird Wert auf raffinierte Verfeinerungen gelegt.
Einfallsreichtum ist nämlich auch eine typisch westfälische Eigenschaft.

Eines gleich vorweg: Es ist nicht die vielzitierte Bodenständigkeit, die die Westfalen zum wirklich interessanten Völkchen werden läßt.
Es ist auch nicht die gern beschworene Treue und nicht die offensichtliche Tradition sind die Motoren ihres Lebens (zumindest nicht die einzigen). Nein, der Schlüssel zu ihrer Wesensart ist die Phantasie. Ausgerechnet – werden die Spötter schmunzeln und amüsiert auf diesen seit Jahrhunderten scheinbar unveränderten Menschenschlag zeigen. Doch wie immer man es auch nennen will, fest steht bei genauer Betrachtung, es war und ist der Ideenreichtum, der den Westfalen ihre Geschichte und ihre Geschichten schrieb. Die wahren und die spannenden... Beginnen wir mit Arminius, besser bekannt als Hermann, der Cherusker. Der war zwar kein richtiger Westfale, weil es das Land zu seiner Zeit noch gar nicht gab, aber als Germane auf später westfälischem Boden wurde er immerhin Deutschlands erster Held. Ihm gelang es – nach geschickter Fallenstellung – in einer sagenumwobenen Schlacht, die Heimat vor römischer Unterjochung zu bewahren. Ein typisch westfälischer Charakterzug, dieses beharrliche Streben nach Freiheit. Grund genug für die Nachwelt, dem Arminius ein Denkmal zu setzen. Auf einem Berg nahe Detmold reckt ein kollossaler Hermann seit 1875 siegesbewußt sein Schwert gen Himmel. Und so sicher wie die Statue nicht seinem wahren Aussehen entspricht, so sicher ist auch, daß der Platz der Ehrung der falsche ist. Die Niederlage erlitten die

Römer nämlich in der Nähe von Osnabrück, wie jüngste Forschungen belegen. Was den Westfalen allerdings nicht weiter irritiert und dem Hermanns Denkmal nicht weniger

Besucher beschert, gilt es doch nach Kaiser Wilhelms Einweihungsworten als „Symbol deutscher Einheit“. Als solches ist es heutzutage gefragter, denn je zuvor.

Schon haben sich die Westfalen aus allzu strenger Geschichtsauffassung befreit, geben sich munter und zeitgemäß.
Wie gut, daß das funktioniert, dieses Prinzip,

Altes zu bewahren und Neues abzusichern. Wie man gekonnt Erfahrung mit Offenheit koppelt, beweist das Leben in Münster. Als westfälische Metropole hochgelobt, ist die Stadt eines der glänzendsten Spiegelbilder der facettenreichen westfälischen Mentalität. Entstanden aus einer Klosteransiedlung in karolingischen Zeiten, feierte man dort 1993 das 1200jährige Bestehen. Festivitäten aller Art und für jeden Geschmack, ein ganzes Jahr lang. Wer da immer noch glaubte, daß Münster nur Klerus und Kiepenkerl, Korn und Knochenschinken bedeutet, der wurde eines Besseren belehrt. Zwischen barocker Schloßpracht und mittelalterlich anmutendem Prinzipalmarkt (Foto Seite 8/9) tut sich was. Münster, die alte Stadt, ist jung. Als einer der großen Universitätsstandorte Deutschlands bekannt, sagt die Statistik, daß jeder dritte Einwohner jünger als 30 Jahre ist. Ein munteres Völkchen mischt sich da unter die alteingesessenen Professoren und Geschäftsleute. Einträchtig sitzt man nebeneinander – die einen am Stammtisch

in gediegener Atmosphäre – die anderen in legeren Szenetreffs und gemeinsam bei Pinkus Müller. Dort wird das einzigartige, selbstgebraute und lange gelagerte Altbier geschlürft. Für die Damen gibt's auf Wunsch auch gesüßte Früchte ins Glas.
Es ist indes nicht nur die urige Gemütlichkeit, die lockt, sondern vor allem die Vielfalt und Vielzahl gastronomischer Adressen. Dort, wo man vor offenen Kaminen in aller Ruhe „klönen" kann, wo reichhaltiges Essen auf glattgeschrubbten Eichentischen dazugehört und ausrangierte Beichtstühle als Sitzgelegenheiten geortet wurden, treffen sich meist viele nette Leute. Sie kommen aus aller Herren Länder, sind zum Einkaufen, Flanieren, Genießen hier.
Sie bestaunen den Kontrast zwischen dieser ruhigen Stadt und ihrem ländlich-sittlichen Umland.
Zu Recht wirbt die Tourismusbranche mit dem Attribut „schön" für das Münsterland. Die grüne Parklandschaft bietet erstaunlich viel. Die Reize des Terrains sind zwar keineswegs neu, aber die Ideen gewinnbringend zu vermarkten sind es. Nehmen wir die Pättkestouren. Pedalritter aller Generationen sind eingeladen, ihre Benzinkutschen zu parken und per Fahrrad die Landschaft zu erobern. Mehr als 10 000 Kilometer bestens beschilderter Feldwege warten. Natur und Landschaft danken für diese ökologischen Annäherungsversuche und zeigen sich von ihrer besten Seite. Höhepunkte solcher Fahrten sind natürlich die legendären Burgen, die fotogen im Wasser träumen. Unangefochtener Star all dieser respektablen Wasserresidenzen ist Schloß Nordkirchen, das westfälische Versailles. Münsters Fürstbischof von Plettenberg ließ es erbauen. Gold war für ihn kein Problem und das ist es für Nordkirchen auch heute nicht. Denn die Finanzschule des Landes Nordrhein-Westfalen hat dort ihre Lehrbücher aufgeschlagen. Nicht weit entfernt liegt eine der malerischsten, wenn auch sehr viel bescheideneren Anlagen. Über eine knarrende Zugbrücke erreicht man Burg Vischering (Foto). Hier ist

besonders gut zu erkennen, wie die Westfalen aus der Not vorhandener Burgen eine Tugend machten und dem möglichen Feind das Leben eines Eroberers erschwerten, indem sie tiefe, gemeinhin unüberwindliche Gräben um ihre Burgen zogen. Wehret den Anfängen war wohl das Motto – einige hundert Mal. So viele Adelssitze hat Westfalen einmal gehabt. Wer diejenigen, die noch erhalten sind, besuchen will, der geht am besten gleich in die Luft. Eine Fahrt im Heißluftballon ist allemal lohnenswert und im Münsterland absolut selbstverständlich. In windigen Höhen wird dann der Gast getauft: mit Sand und Sekt.

Der Wind wird einen bedächtig vorantreiben, vielleicht etwas nach Osten, dorthin, wo die Ems ihr blaues Band in Wiesen und Felder geflochten hat. Hier nennt das Münsterland noch im wahrsten Sinne des Wortes Roß und Reiter. Warendorf ist die Pferdestadt schlechthin. Dort sitzt das Deutsche Olympische Komitee für Reiterei, gehören Goldmedaillengewinner, zwei- und vierbeinige, zum Stadtbild. Wenn die Hengstparade im Herbst lockt, zieht es Tausende nach Warendorf. Passendes Souvenir nach abgenommener Parade, Kutsch- und Planwagenfahrt, Kaltblutrennen und Ponyreiten: „Warendorfer Pferdeäpfel", stilecht auf Stroh gebettet.

Noch eine Delikatesse sollte man sich nicht entgehen lassen: Im Mai und Juni wird Spargel gestochen. Vor einigen Jahren war das „Bauerngold" nur auf den sandigen Böden Füchtorfs zu finden. Mittlerweile wird es in ganz Ostwestfalen zu Tage gefördert. Die Qualität des Spargels ist super und daher bestens geeignet, zusammen mit den goldgelben, heimischen Kartoffeln und dem geräucherten Schinken ein himmlisches Terzett anzustimmen. Vielleicht geht die Reise aber auch ins Tecklenburger Land mit seinen Fachwerkidyllen oder nach Westen ins „platte" Hamaland, grenznahe Zwillingsschwester zum Nachbarn Niederlande. Dorthin, wo jeder weiß, daß die Kirche mitten ins Dorf gehört und garantiert mit Glocken aus dem heimischen Gescher ausgestattet ist. Oder der Wind treibt den Ballon südlich, in die Hohe Mark, vielgeliebte, grüne Randzone zum Ruhrgebiet. Solch eine Tour macht hungrig. Zurück auf dem Boden der Tatsachen wartet sicherlich ein herzhaftes Abendessen. Richtig westfälisch wäre nun der Knochenschinken auf weißem Stuten, bedeckt von schwarzem Pumpernickel. Dazu ein „Herrengedeck": Bier und Korn – entweder aus dem „Pinnchen" oder vom Löffel. Nach altem Brauch ist so die neue Freundschaft besiegelt, die Zeit „Döhnekes" (Anekdoten) zu erzählen, gekommen...

BRINKHOFF am MARKT
5
TECKLENBURG
HAUS DES GASTES

Wie wäre es mit der Geschichte vom Pumpernickel? Zunächst sei vermerkt, daß das schwarze Brot Westfalens kein kulinarischer Unfall ist, sondern weit vor jeder ökologischen Bewegung als Gesundbrunnen gepriesen wurde. Schon der Chemiker Justus von Liebig vermeldete, daß diese Mischung aus vollwertigem Roggenmehl und Sauerteig eine Spezialität sei, die die besten Verdauungswerkzeuge des ganzen Landes hervorgebracht habe. Diese schwarze Schönheit liegt also nicht vergeblich schwer im Magen. Vielleicht stammt daher auch der Titel „polternder Kobold – Pumpernickel". Gut hört sich auch die Anekdote vom französischen Soldaten an, der einst sein Entsetzen über dieses Brot mit den Worten „C'est bon pour Nickel – Das ist gut für Nickel (das Pferd)" offenbarte. Da gibt sich das westfälische Weißbrot, der Stuten, denn doch feiner. Es kommt sowohl als große Scheibe mit krosser Kruste daher, als auch in Form doppelt gebackener Stückchen, liebevoll „Knabbeln" genannt, die man zum Frühstück mit Zucker bestreut und mit Milch übergießt. Westfälisches Müsli zur Adventszeit verleiht dem Tag richtig Form, Stutenkerle mit Rosinen und Tonpfeifen im Arm sind sehnsüchtig erwartete Weihnachtsboten

zum Nikolaustag. Wer gut ißt, will auch gut trinken. In Westfalen heißt das schlicht: „Franz, noch'n Bier!" Der Gerstensaft gilt an westfälischen Theken – und derer gibt es viele – als Nationalgetränk. Seit 1293 sind Hopfen und Malz für das Land gewonnen. Damals erhielt Dortmund bereits das Braurecht. Seitdem empfinden sich die Dortmunder als Vorreiter in Sachen Bier. Und die Bilanz gibt ihnen recht. Die Stadt stellt europaweit das meiste Bier her. Und da wir gerade bei den Superlativen sind: In Dortmund, und nicht in Paris, ist auch Europas größter Fischmarkt angesiedelt!
Solch exklusive Position haben sich die Südwestfalen mühsam erkämpft. Denn Mitbewerber gab's schon immer. Als die Stadt im Mittelalter begann, ihr Bier zu exportieren, schickte ihnen die Konkurrenz aus Münster, Bielefeld, Hamm und Minden gedungene Scharfschützen auf den Pelz, die zwar nur kleine, aber nichtsdestotrotz sehr wirksame Löcher in die Transportfässer schossen. Der „Bierkrieg" entbrannte, bis man einsichtig wurde und sich auf Exportbeschränkungen einigte – im eigenen Land. Aber da Dortmund Hansestadt war, ging das Bier fortan per Schiff gen Norden. Gewußt wie. Sehr westfälisch.
Apropos Hanse. Am Hellweg, dem alten Heerweg zwischen Rhein und Weser liegt Soest, die „heimliche" Hauptstadt Westfalens. Wenn sich stark entwickeltes Selbstbewußtsein Einheimischer je irgendwo unerschütterlich präsentiert, dann hier, in dieser wunderschönen Stadt der schmalen Gassen, kleinen Mauern und gepflegten Fachwerkhäuser. Mittendrin in dieser Idylle liegt die Wiesenkirche mit dem wohl originellsten sakralen Kunstwerk, das man kennt: das Fenster mit dem westfälischen Abendmahl. Statt Brot und Wein segnet ein milde lächelnder Jesus Schweinskopf, Schinken, Pumpernickel und Bier!
Von Soest ist man im Handumdrehen im Sauerland. Talsperren und Seen, Berge und Wälder, die bekannteste Unterkunft deutscher Wetterfrösche, der Kahle Asten, Freilichtbühnen, Freizeit und Vergnügungsparks machen diese Region zum attraktiven Ziel. Entsprechend offen sind Land und Leute. Das ist etwas weiter südlicher, im äußersten Zipfel Westfalens anders. Haben die Sauerländer schon viel Schiefer vor ihren Hütten, so haben es die Siegerländer auch auf ihren Seelen. Unnahbar und vorsichtig geben sie sich. Das mag in ihrer Vergangenheit begründet sein, als die anerkannten Fachleute in Sachen Eisenverarbeitung unter Androhung der Todesstrafe von ihren Landesherren dazu angehalten wurden, nichts von ihrem Wissen zu verraten, egal wer da komme...

Solche Sturheit ist den Bewohnern weiter nördlich längst vergangen. So sagen Spötter auch, daß der Desenberg im Warburger Land, Westfalens einziger Vulkan, beim herrschenden Naturell zwangsläufig erlöschen mußte – unter der Oberfläche brodelt's noch immer. Im doppelten Sinne. Denn es war ein Mord im Kreis Höxter, der Westfalens Vorzeige-Literatin, Annette von Droste-Hülshoff, dazu brachte, einen Meilenstein deutscher Literatur zu verfassen: „Die Judenbuche". Das adrette Fräuleinwunder aus Münster, das sich mit spitzer Zunge und ebensolcher Feder einen ersten Platz im westfälischen Zitatenschatz gesichert hat, weilte im Kanonissenstift Neuenheerse, als sie zu schreiben begann. Danach war sie Kurgast in Bad Driburg, einem der guten Bäder zwischen Eggegebirge und Weserbergland. Wo immer eine Quelle sprudelte, und deren sind es viele in dieser Gegend, entstand über kurz oder lang ein florierendes Heilbad. In Paderborn, das seinen Namen den warmen Quellen der Pader verdankt, wuchs gar eine Kaiserpfalz Karls des Großen heran. Von hier aus organisierte er seinen Feldzug gegen die heidnischen Sachsen um Herzog Widukind. Die Behauptung, daß aus jener Zeit das Rezept für den Wurstebrei stammt, gehört allerdings ins Reich der Legende. Wenn's um die Wurst geht, sind ohnehin die Ostwestfalen auf dem platten Lande die wahren Fachleute. Gütersloh ist als Wurstmetropole ebenso bekannt wie als Sitz des zweitgrößten Medienkonzerns der Welt. Kein Wunder, rundum sind die Wiesen schwarz-bunt oder rot-bunt bestückt, haben Rinder ihre sorgfältig eingezäunten Reviere und wetteifern von dort aus mit dem westfälischen Haustier Nr. 1, dem Schwein um die Vorherrschaft. Mit Viehzucht haben sich die Bielefelder nie beschäftigt. Wie auch? Vor ihrer Haustür liegen Felder und vor allem die Wälder des Teutoburger Waldes. Auf den Feldern wuchs früher Flachs und der wiederum ließ die Stadt groß und reich werden. Denn Flachs

ist der Stoff, aus dem das Leinen wird. Feinstes Linnen, das im vorigen Jahrhundert nicht nur Biedermanns gute Stube, sondern auch die Tafeln europäischer Königshäuser zierte. Dazu mußte das Material aber erst einmal verarbeitet werden. So entwickelten sich Nähereien. Die fertige Wäsche verlangte nach Auslieferung, so wurden Fahrräder gebaut. Die fertige Wäsche wollte auch gestärkt werden, was die Apotheker auf den Plan rief. Und einer seiner Zunft, August Oetker, kam auf die geniale Idee, nicht nur die Stärke, sondern auch das Backpulver in Tüten verpackt zu verkaufen. Die richtige Idee zur richtigen Zeit, so werden in Westfalen Wirtschaftsimperien geboren. Damit kann Detmold, fürstlicher Mittelpunkt des Lipperlandes, nicht dienen. Hier betont man seit jeher vielmehr eine politische Selbständigkeit. Seit Anbeginn schafften es die Landesherren, ihren Besitz potentiellen Machtansprüchen anderer zu entziehen.

Nicht einmal Napoleon gelang es, die Lipper ins Königreich Westfalen einzugliedern. Dank sei Fürstin Pauline, die 1802 das Zepter übernahm, um im Namen der Lippischen Rose mit Mut, Weisheit und sozialem Engagement zu regieren. So erhielt Deutschland von ihr seinen ersten Kinderhort. Vieles ist längst vergessen, nicht aber die Rose, die 1947 ins Wappen des neugegründeten Landes Nordrhein-Westfalen einzog. So symbolisiert man durch die Blume Stärke. Wer in Detmold weilt, sollte nicht nur das Schloß der romantischen Innenstadt, ein Meisterwerk der Weserrenaissance besuchen (Foto), sondern auch im großartigen Freilichtmuseum vorbeischauen, wo das alte Ostwestfalen konserviert ist. Kein Charme hinter Vitrinen, sondern Lebensart zum Anfassen und Genießen – in den alten Kotten und herrschaftlichen Gehöften, in den buchsbaumbegrenzten Bauerngärten und in der Gaststätte „Zum wilden Mann", wo es stilecht Reibeplätzchen mit Apfelmus oder Dicke Bohnen mit Speck gibt. Zum Abschluß eine gute Zigarre, handgewickelt und gerollt, so wie es seit altersher im Ravensberger Land gleich nebenan Sitte war und ist – allem technischen Fortschritt zum Trotz. Der blaue Dunst zieht den westfälischen Genießer noch immer gern über den Teutoburger Wald. Warum auch nicht? Schließlich hat das Land hinter den Bergen noch einiges zu bieten. Beispielsweise die Mühlenstraße, eine Wander- und Radlerroute, die vor einigen Jahren durch eine engagierte Privatinitiative entstand und rund 40 restaurierte

Mühlen präsentiert. Am Wochenende wird dort gemahlen, ein pudriger Familienspaß und mittlerweile als Ausflugsziel (fast) so beliebt wie die Porta Westfalica, diese überdimensionale Käseglocke aus Stein, die Kaiser Wilhelm bei seinem Gruß an alle Vorbeiziehenden beschirmt. Mit solch einem hochherrschaftlichen Türsteher an der westfälischen Pforte könnte unsere Rundreise eigentlich beendet werden. Doch es gibt da noch eine Person, die in einem westfälischen Kochbuch nicht fehlen darf. Gelebt hat sie lange Jahre in der Nähe der Porta Westfalica, in dem kleinen Örtchen Levern. Henriette Davidis. Sie schrieb 1844 das „praktische Kochbuch für die gewöhnliche und feine Küche". Nach ihren westfälischen Rezepten lernten Generationen von jungen Frauen, daß die Liebe durch den Magen geht, daß sich Männerherzen wie Möppkenbrot erwärmen lassen. Gewußt wie. Henriette Davidis empfahl: Man nehme…

Erdverbunden wie die Westfalen nun einmal sind, servieren sie stets das, was die Natur ihnen gerade bietet.
Das macht ihre traditionsreiche Küche so modern. Am liebsten wird alles gleich in den großen „Pott" geworfen, damit es für zwei Tage reicht. Diese Art des Kochens gilt als saisonorientiert und sparsam. Für die Westfalen ist dies nur natürlich. Omas Eintopf wärmt nach wie vor Herz und Magen, hält Leib und Seele zusammen. Bei ihren deftig dampfenden Köstlichkeiten haben es feine Suppen mitunter schwer. Obwohl die Rinderkraftbrühe der Favorit jeder westfälischen Hochzeitsgesellschaft ist, klar und stark wie selbstgebrannter Korn und vor Ort so bekannt wie das westfälische Blindhuhn. Da ist der Name Programm, die Überraschung garantiert, der Erfolg sicher.

Möhren-Bohnen-Eintopf

(Foto Seite 20/21)

100 g Weiße Bohnen, 750 ml (3/4 l) Wasser, 375 g Schweinebauch, 1 kg Möhren, 500 g Kartoffeln, 250 g Äpfel, 40 g Butter, 2 Zwiebeln, Salz, 375 ml (3/8 l) Wasser, 2 EL gehackte Petersilie

Bohnen waschen, in dem Wasser 12-24 Stunden einweichen, in dem Einweichwasser zum Kochen bringen, in etwa 1 Stunde gar kochen lassen. Schweinebauch unter fließendem kaltem Wasser abspülen, trockentupfen, in kleine Würfel schneiden. Möhren putzen und schälen. Die Kartoffeln schälen. Beide Zutaten waschen, in kleine Würfel schneiden. Äpfel schälen, vierteln, entkernen, in Scheiben schneiden.
Butter erhitzen, das Fleisch unter Wenden schwach darin bräunen. Zwiebeln abziehen, würfeln. Kurz bevor das Fleisch genügend gebräunt ist, die Zwiebeln hinzufügen, kurz miterhitzen. Das Fleisch mit Salz würzen. Möhren, Kartoffeln, Äpfel und Wasser hinzugeben, in 45-60 Minuten gar schmoren lassen. Die Bohnen ohne Flüssigkeit in den Eintopf geben. Mit der gehackten Petersilie bestreuen.
Tip: Anstelle des Schweinebauchs Rindfleisch verwenden.

Grüne-Bohnen-Suppe

1 Bund Suppengrün, 500 g Rindfleisch, 1 l Wasser, Salz, 500 g Grüne Bohnen, 250 g Kartoffeln, 100 g durchwachsener Speck, frisch gemahlener Pfeffer, 3 mittelgroße Äpfel, 2-3 EL Weinessig, 1 TL Zucker, 1 Prise gemahlener Zimt, 1 Bund Petersilie

Das Suppengrün putzen, waschen, grob zerkleinern. Das Fleisch unter fließendem kaltem Wasser abspülen. Das Salzwasser zum Kochen bringen, Suppengrün und Fleisch hineingeben und alles etwa 1 1/2 Stunden köcheln lassen. Das Fleisch herausnehmen, etwas abkühlen lassen und gleichmäßig würfeln, warm stellen.
Die Brühe durch ein Sieb geben. Inzwischen die Bohnen putzen, waschen und brechen. Die Kartoffeln schälen, waschen und würfeln. Den Speck würfeln und goldgelb ausbraten. Die Bohnen kurz darin schwenken, Kartoffelwürfel dazugeben und mit der Fleischbrühe aufgießen. Mit Pfeffer und Salz würzen, etwa 25 Minuten bei geringer Hitze kochen lassen.
Die Äpfel inzwischen schälen, vierteln, entkernen, evtl. achteln und mit dem Fleisch zur Suppe geben. Die Suppe mit Salz, Pfeffer, Weinessig, Zucker und etwas Zimt abschmecken. Die Petersilie abspülen, trockentupfen und fein hacken. Die Suppe damit bestreuen.

Porreesuppe

375 g Porree (Lauch), 50 g durchwachsener Speck, 30 g Weizenmehl, 1 l Fleischbrühe, 20 g Speisestärke, 4 EL kalte Milch, 1 Eigelb, 2 EL kaltes Wasser, Salz, Suppenwürze, geriebene Muskatnuß, 2 EL gehackte Petersilie

Porree putzen, in feine Ringe schneiden, waschen. Speck in Würfel schneiden, auslassen. Den Porree darin andünsten, mit Weizenmehl bestreuen, kurz miterhitzen. Fleischbrühe hinzufügen, mit einem Schneebesen durchschlagen, darauf achten, daß keine Klumpen entstehen. Die Suppe zum Kochen bringen und in 10 Minuten gar kochen lassen. Speisestärke mit Milch anrühren und die Suppe damit binden. Eigelb mit kaltem Wasser verschlagen. Die Suppe damit abziehen, mit Salz, Suppenwürze, Muskatnuß abschmecken, mit gehackter Petersilie bestreuen.
Tip: 100 g in Würfel geschnittenen, gekochten Schinken in wenig Butter bräunen lassen und in die Porreesuppe geben.

Grünkohltopf

1 1/2 kg Grünkohl, kochendes Salzwasser, 100 g durchwachsener Speck, 2-3 EL Sonnenblumenöl, 500 g Rindfleisch, 2 Zwiebeln, Salz, frisch gemahlener Pfeffer, gut 500 ml (1/2 l) Wasser, 250 g Möhren

Von dem Grünkohl die welken, fleckigen Blätter und die Rippen entfernen. Den Grünkohl gründlich waschen, in kochendes Salzwasser geben, zum Kochen bringen. 1-2 Minuten kochen, abtropfen lassen, grob hacken. Speck in Würfel schneiden. Öl erhitzen, die Speckwürfel darin ausbraten. Rindfleisch unter fließendem kaltem Wasser abspülen, trockentupfen, in kleine Würfel schneiden, in dem Speckfett anbraten. Zwiebeln abziehen, würfeln, zu dem Fleisch geben, mitdünsten lassen. Das Fleisch mit Salz, Pfeffer würzen. Wasser hinzugießen, zum Kochen bringen, etwa 20 Minuten kochen lassen. Den Grünkohl hinzufügen, etwa 45 Minuten köcheln lassen. Möhren putzen, schälen, waschen, in Würfel schneiden, zu dem Grünkohl geben und 10-15 Minuten mitköcheln lassen. Den Grünkohltopf mit Salz und Pfeffer abschmecken.
Tip: Anstatt Rindfleisch können Sie auch 4 Mettwürstchen verwenden. Dazu die Speckwürfel in dem Öl ausbraten. Zwiebelwürfel darin glasig werden lassen, mit Wasser auffüllen, die Mettwürstchen hinzugeben, zum Kochen bringen und etwa 20 Minuten kochen lassen.

Bohnensuppe mit Mettwurst

(Foto)

375 g Weiße Bohnen, 2 l Wasser, 250 g geräucherte Mettwurst, 250 g geräucherte Schweinerippchen, 500 g Kartoffeln, 1 Bund Suppengrün, Bohnenkraut, Salz, frisch gemahlener Pfeffer, 2 EL gehackte Petersilie

Bohnen abspülen, in dem Wasser 12-24 Stunden einweichen. Mettwurst und Rippchen abspülen und mit den Bohnen in dem Einweichwasser zum Kochen bringen. Die Bohnen fast weich kochen. Gare Mettwurst und Schweinerippchen herausnehmen. Kartoffeln schälen, waschen, in Würfel schneiden. Das Suppengrün putzen, waschen, kleinschneiden. Mit Bohnenkraut, Salz und Pfeffer die Suppe würzen, zum Kochen bringen und in etwa 2 Stunden gar kochen. Mettwurst und Schweinerippchen kleinschneiden, wieder in die Suppe geben und mit der Petersilie bestreuen.

Stielmuseintopf

500 g Schweinefleisch (z.B. Nacken), 40 g Butter, Salz, frisch gemahlener Pfeffer, 1 kg Stielmus, 500 g Kartoffeln, 250 ml (1/4 l) Fleischbrühe

Das Fleisch unter fließendem kaltem Wasser abspülen, trockentupfen und in kleine Würfel schneiden. Butter zerlassen, das Fleisch darin schwach anbräunen, mit Salz und Pfeffer würzen. Stielmus putzen, die welken Blätter entfernen, waschen und kleinschneiden. Kartoffeln schälen, waschen, in Würfel schneiden. Das Wasser zu dem Fleisch geben, zum Kochen bringen, in etwa 1 Stunde gar schmoren.

Faßbohneneintopf

750 g Schweinerücken, 1 EL Schweineschmalz, 1 Zwiebel, 750 ml (3/4 l) Wasser, 750 g Kartoffeln, 750 g Faßbohnen, Salz

Schweinerücken unter fließendem kaltem Wasser abspülen, trockentupfen, in kleine Würfel schneiden. Schweineschmalz erhitzen, die Fleischwürfel darin unter Wenden schwach bräunen lassen. Zwiebel abziehen, würfeln, zu dem Fleisch geben, glasig dünsten lassen. 250 ml (1/4 l) Wasser hinzugießen, die Fleischwürfel zugedeckt etwa 20 Minuten schmoren lassen, ab und zu durchrühren. Kartoffeln schälen, waschen, kleinschneiden. Faßbohnen waschen, abtropfen lassen, die Bohnen zu dem Fleisch geben und mit Salz würzen. Das restliche Wasser hinzugießen, zum Kochen bringen, zugedeckt etwa 25 Minuten schmoren lassen. Die Kartoffelstücke hinzufügen, den Eintopf zugedeckt weitere 20 Minuten schmoren lassen.

Blindhuhn

(Titelfoto)

500 g durchwachsener Speck, 500 ml (1/2 l) Wasser, 500 g Grüne Bohnen, 375 g Kartoffeln, 250 g Möhren, 2 Äpfel, 2 Birnen, 2 Stengel Bohnenkraut, 400 ml Gemüsebrühe, 225 g Weiße Bohnen (Konserve), Salz, Pfeffer, Zucker, Essig, 1 EL Petersilie

Den Speck in dem Wasser etwa 1 Stunde kochen. Die Bohnen putzen, waschen, in Stücke schneiden, Kartoffeln und Möhren schälen, waschen und würfeln. Äpfel und Birnen schälen, vierteln, entkernen, die Äpfel würfeln. Den Speck aus der Brühe nehmen und in Würfel schneiden. Gemüse, Obst, Kartoffeln, Bohnenkraut und Gemüsebrühe in die Brühe geben und etwa 30 Minuten kochen lassen. Die Weißen Bohnen, den gewürfelten Speck in den Topf geben, mit Salz, Pfeffer, Zucker, Essig abschmecken, mit Petersilie bestreuen.

Dicke-Bohnen-Eintopf

375 g Hammelfleisch, 750 g Kartoffeln, 750 g ausgepalte Dicke Bohnen, (2 1/2-3 kg Bohnen mit Hülsen), Bohnenkraut, 40 g Butter, Salz, frisch gemahlener Pfeffer, 375 ml (3/8 l) Wasser

Hammelfleisch unter fließendem kaltem Wasser abspülen, trockentupfen, in kleine Würfel schneiden. Kartoffeln schälen, waschen, in Würfel schneiden. Bohnen auspalen, Bohnen und Bohnenkraut waschen. Butter erhitzen, das Fleisch unter Wenden schwach darin bräunen, mit Salz und Pfeffer würzen. Kartoffeln, Bohnen, Bohnenkraut und das Wasser hinzugeben, in etwa 1 1/2 Stunden gar schmoren lassen. Den Eintopf mit Salz abschmecken.

Spanisch Frikko

250 g Schweinefleisch, 250 g Rindfleisch, 125 g Kalbfleisch, 3 große Zwiebeln, 1 1/2 kg Kartoffeln, 40 g Margarine, Salz, Pfeffer, Paprika edelsüß, 1/2 TL Kümmel, 375 ml (3/8 l) Wasser, 2 EL Crème fraîche, 2 EL gehackte Petersilie

Das Fleisch unter fließendem kaltem Wasser abspülen, trockentupfen, in kleine Würfel schneiden. Zwiebeln abziehen und würfeln. Kartoffeln schälen, waschen, in Würfel schneiden. Margarine erhitzen, das Fleisch unter Wenden schwach darin bräunen. Kurz bevor das Fleisch genügend gebräunt ist, die Zwiebeln hinzufügen und kurze Zeit miterhitzen. Kartoffeln, Salz, Pfeffer, Paprika, Kümmel und Wasser hinzufügen und in etwa 1 1/2 Stunden gar schmoren lassen. 10 Minuten vor Beendigung der Schmorzeit Crème fraîche unterrühren, mit Petersilie bestreuen.

Rindfleischsuppe

250 g zerkleinerte Rindfleischknochen, 250 g Rindfleisch (Beinscheibe), 1 1/2 l kaltes Salzwasser, 1 Bund Suppengrün, 250 g Kaiserschoten (Erbsenschoten), Fleischextrakt

Rindfleischknochen und das Fleisch unter fließendem kaltem Wasser abspülen, in das Wasser geben, zum Kochen bringen, abschäumen. Suppengrün putzen, waschen, kleinschneiden, hinzufügen, zum Kochen bringen. Die Suppe in etwa 2 1/2 Stunden gar kochen lassen. Das Fleisch aus der Brühe nehmen, in Stücke schneiden und die Brühe durch ein Sieb gießen. Kaiserschoten waschen, in die Brühe geben, zum Kochen bringen, etwa 5 Minuten kochen lassen. Die Fleischstücke in die Brühe geben. Die Rindfleischsuppe mit dem Fleischextrakt abschmecken.

Erbsensuppe

375 g junge, ausgepalte Erbsen, 200 g durchwachsener Speck, 1 Zwiebel, 750 ml (3/4 l) Fleischbrühe, Salz, frisch gemahlener Pfeffer, 1 altbackenes Brötchen, 1 Ei, 2-3 EL Weizenmehl, feingehackte Petersilie

Erbsen abspülen, abtropfen lassen. Speck in Würfel schneiden und ausbraten. Zwiebel abziehen, würfeln, in dem Speckfett andünsten und die Erbsen hinzufügen. Fleischbrühe hinzugießen. Mit Salz und Pfeffer würzen, zum Kochen bringen, etwa 20 Minuten kochen lassen.
Für die Klößchen das Brötchen in kaltem Wasser einweichen, gut ausdrücken, mit Ei und Mehl zu einem Teig verkneten, mit Salz und Pfeffer würzen. Die feingehackte Petersilie unterkneten. Aus dem Teig kleine Klößchen formen, in die Suppe geben, zum Kochen bringen, in etwa 10 Minuten gar ziehen lassen.

Weißkohleintopf

500 g Rindfleisch, 1 kg Weißkohl (vorbereitet gewogen), 500 g Kartoffeln, 250 g Möhren, 40 g Butter, 2 mittelgroße Zwiebeln, Salz, frisch gemahlener Pfeffer, 1 TL Kümmel, 500 ml (1/2 l) Wasser

Das Rindfleisch unter fließendem kaltem Wasser abspülen, trockentupfen, in kleine Würfel schneiden. Weißkohl waschen, kleinschneiden. Die Kartoffeln schälen, waschen, in Würfel schneiden. Möhren putzen, schälen, waschen und in Stifte schneiden. Butter erhitzen, das Fleisch unter Wenden schwach darin bräunen. Zwiebeln abziehen, würfeln und kurz bevor das Fleisch genügend gebräunt ist, die Zwiebelwürfel hinzufügen, kurz miterhitzen. Das Fleisch mit Salz, Pfeffer würzen. Weißkohl, Kartoffeln, Möhren, Kümmel und Wasser hinzufügen, in etwa 1 1/2 Stunden gar schmoren.

Hühnersuppe

(Foto)

1 Bund Suppengrün, 1 Hähnchen (1 kg), $1\,^1/_2$ l Salzwasser, 1 Zwiebel, 1 Lorbeerblatt, 1 TL Pfefferkörner, 1 Bund (500 g) Möhren, 375 g Brechbohnen, Salz, etwas Bohnenkraut, Pfeffer, frischer Kerbel, 4 Scheiben Toastbrot, 4 Scheiben Butterkäse

Das Suppengrün putzen, waschen, kleinschneiden. Das Hähnchen unter fließendem kaltem Wasser abspülen und mit dem Suppengrün in das Salzwasser geben. Die Zwiebel abziehen, vierteln und mit dem Lorbeerblatt und den Pfefferkörnern zum Kochen bringen. Aufkochen lassen, abschäumen und etwa $1\,^1/_2$ Stunden kochen lassen. Möhren putzen, schälen, waschen und mit dem Buntmesser in Scheiben schneiden. Von den Bohnen die Enden abschneiden, die Bohnen evtl. abfädeln, waschen und brechen. Das Hähnchen aus der Brühe nehmen und etwas abkühlen lassen. Die Brühe durchsieben und in den Topf zurückgeben. Bohnen und Möhren hineingeben und etwa 20 Minuten garen. Von dem Hähnchen Haut und Knochen entfernen und das Fleisch in mundgerechte Stücke schneiden. Das Fleich in die Suppe geben, erhitzen, mit Salz, Bohnenkraut und Pfeffer abschmecken. Abgespülte Kerbelblättchen in die Suppe geben. Das Toastbrot toasten, mit Käse belegen, so lange unter den Grill geben, bis der Käse geschmolzen ist. Das Toastbrot in Dreiecke schneiden, auf die Suppe geben.

Kartoffelsuppe

2-3 Fleischknochen, $1\,^1/_4$ l Salzwasser, 250-375 g durchwachsener Speck, 750 g Kartoffeln, 125 g Sellerie, 200 g Möhren, 1 Stange Porree (Lauch), 350 g Wirsing (vorbereitet gewogen), Salz, Streuwürze, gehackte Petersilie

Knochen unter fließendem kaltem Wasser abspülen, in dem Salzwasser zum Kochen bringen, abschäumen. Speck hinzufügen, zum Kochen bringen, etwa 45 Minuten kochen lassen. Die Brühe durch ein Sieb gießen, wieder mit dem Speck zum Kochen bringen. Kartoffeln und Sellerie schälen, waschen. Möhren putzen, schälen und waschen. Die drei Zutaten in Würfel schneiden. Porree putzen, waschen, in Streifen schneiden. Wirsing vierteln, den Strunk herausschneiden, Wirsing waschen und in etwa 2 cm breite Streifen schneiden. Die Kartoffeln mit dem Gemüse in die Brühe geben, mit Salz würzen, zum Kochen bringen, 20-25 Minuten kochen lassen. Den Speck herausnehmen, in Scheiben oder Würfel schneiden, wieder in die Suppe geben. Mit Salz und Streuwürze abschmecken, mit gehackter Petersilie bestreuen.

Hochzeitssuppe

500 g Rinderknochen, 1 Beinscheibe (etwa 300 g), 4 Markknochen, 1 Bund Suppengrün, 1 Zwiebel, etwa 1 1/2 l Wasser, 1/2 Lorbeerblatt, 1 Bund Petersilie, Salz, frisch gemahlener Pfeffer

Für die Markklößchen:
30 g Knochenmark (aus den Markknochen), 20 g Butter, 1 kleines Ei, etwa 70 g Semmelbrösel, etwas geriebene Muskatnuß

Für den Eierstich:
2 Eier, 125 ml (1/8 l) kalte Milch, Salz, geriebene Muskatnuß

Knochen und Fleisch unter fließendem kaltem Wasser abspülen. Das Mark aus den Knochen lösen und für die Klößchen beiseite legen. Suppengrün putzen, Zwiebel abziehen und mit Fleisch und Knochen in einen großen Topf geben, mit dem Wasser auffüllen. Lorbeerblatt und gewaschene Petersilienstengel hinzufügen, mit Salz und Pfeffer würzen. Die Petersilienblätter fein hacken und beiseite stellen. Suppe zum Kochen bringen, bei kleiner Hitze etwa 3 Stunden köcheln lassen. Die Beinscheibe nach 1 1/2 Stunden herausnehmen, von Sehnen und Fett befreien, in Stücke schneiden und beiseite stellen. Die Brühe durch ein feines Sieb abgießen.
Für die Markklößchen das Knochenmark ganz fein würfeln, mit der Butter bei kleiner Hitze zerlassen und durch ein Sieb streichen, erkalten lassen. Das Mark mit dem Ei schaumig rühren, Semmelbrösel und Muskatnuß unterziehen. Aus der Masse kleine Klößchen formen. Für den Eierstich die Eier mit Milch, Salz, Muskatnuß verschlagen und in ein gefettetes Gefäß füllen, mit Alufolie verschließen. Das Gefäß in kochendes Wasser stellen. Das Wasser zum Kochen bringen und den Topf mit einem Deckel verschließen, das Wasser nicht mehr kochen lassen. Nach etwa 30 Minuten Garzeit, wenn die Eiermasse fest ist, die Masse stürzen, in Würfel schneiden und in die Suppe geben. Beinscheibenwürfel und Klößchen dazugeben, mit Petersilie bestreuen.

Fleischbrühe

250 g Knochen, 375 g Rindfleisch, (Brust-, Schwanzstück oder Bein), 2 l kaltes Salzwasser, 1 Bund Suppengrün, 1 Zwiebel, Salz, Fleischextrakt oder Suppenwürze

Knochen und Fleisch unter fließendem kaltem Wasser abspülen, trockentupfen. Beide Zutaten in das Salzwasser geben, zum Kochen bringen. Suppengrün putzen und waschen. Zwiebel abziehen, in Scheiben schneiden, nach Belieben rösten und mit dem Suppengrün in die Brühe geben, kochen lassen. Wenn das Fleisch nach 2 1/2-3 Stunden gar ist, die Brühe durch ein Sieb gießen.
Mit Salz und Suppenwürze abschmecken.

Kürbissuppe

650 g Kürbis, 1 Zwiebel, 2 EL Butter, 250 ml (1/4 l) Fleischbrühe, Salz, frisch gemahlener Pfeffer, Zucker, Essig, 1 EL feingehackte Kräuter (z.B. Schnittlauch, Petersilie), 1/2 abgezogene, zerdrückte Knoblauchzehe, Suppenwürze

Den Kürbis schälen, das Mark mit einem Löffel herauskratzen, entkernen und das Kürbisfleisch in kleine Würfel schneiden. Zwiebel abziehen, fein würfeln. Butter zerlassen, Kürbis- und Zwiebelwürfel darin andünsten. Fleischbrühe hinzugießen, zum Kochen bringen, zugedeckt etwa 10 Minuten kochen lassen, durch ein Sieb streichen. Mit Salz, Pfeffer, Zucker und Essig abschmecken. Kräuter unterrühren, nach Belieben zerdrückten Knoblauch zugeben. Die Suppe nochmals kurz erhitzen. Mit Salz und Suppenwürze abschmecken.

Spinat-Käse-Suppe

300 g Spinat, 250 ml (1/4 l) Fleischbrühe, 250 ml (1/4 l) Milch, 200 g geräucherter Schmelzkäse, 1 Bund Kerbel, 4 EL Crème fraîche, Salz, frisch gemahlener Pfeffer, geriebene Muskatnuß

Spinat verlesen, waschen, die Stiele abschneiden. Die Blätter in Streifen schneiden. Fleischbrühe mit Milch zum Kochen bringen. Schmelzkäse unter ständigem Rühren darin schmelzen lassen. Den Spinat hinzufügen und kurz miterhitzen. Kerbel abspülen, trockentupfen, fein hacken, Crème fraîche unterrühren. Die Suppe mit Salz, Pfeffer und Muskatnuß abschmecken. Tip: Die Suppe in Teller füllen und mit einem Klecks Crème fraîche verzieren.

Steckrübeneintopf

500 g Schweinebauch, 1 kg Steckrüben, 300 g Möhren, 500 g Kartoffeln, 30 g Butter oder Margarine, 2 Zwiebeln, 750 ml (3/4 l) Fleischbrühe, Salz, frisch gemahlener Pfeffer, etwas gehackte Petersilie

Das Fleisch unter fließendem kaltem Wasser abspülen, trockentupfen und in kleine Würfel schneiden. Steckrüben und Möhren schälen, waschen, in Stifte schneiden. Kartoffeln schälen, waschen und in Würfel schneiden. Butter oder Margarine erhitzen, das Fleisch unter Wenden schwach anbraten. Die Zwiebeln abziehen, würfeln und mit dem Fleisch kurz mitbräunen lassen. Steckrüben, Möhren, Kartoffeln und Fleischbrühe hinzufügen, etwa 30 Minuten schmoren lassen. Den Eintopf mit Salz und Pfeffer abschmecken. Vor dem Servieren mit Petersilie bestreuen.

Dicke-Bohnen-Suppe mit Knochenschinken

(Foto)

2 kg Dicke Bohnen mit Hülsen (ausgepalt etwa 500 g), 500 ml (1/2 l) kräftige Rinderbrühe, 1 Becher (150 g) Crème fraîche, Salz, frisch gemahlener weißer Pfeffer, 150 g roher Knochenschinken, 2 EL Schnittlauchröllchen

Die Bohnen auspalen und waschen. Rinderbrühe zum Kochen bringen und die Bohnen darin etwa 20 Minuten garen. Dann mit einem Mixer pürieren und durch ein Sieb streichen, wieder zum Kochen bringen. Crème fraîche unterrühren, erhitzen, mit Salz und Pfeffer abschmecken. Den Schinken in feine Streifen schneiden. Die Suppe in tiefe Teller füllen, die Schinkenstreifen darauf verteilen und den Schnittlauch darüberstreuen.

Linsentopf mit Schweinerippchen

250 g Linsen, 500 g geräucherte Schweinerippchen, 1 1/2 l Wasser, 375 g Kartoffeln, 1 Bund Suppengrün, 2 mittelgroße Zwiebeln, 125 g geräucherte Mettwurst, Salz, frisch gemahlener Pfeffer, Essig, gerebelter Liebstöckel, 2 EL gehackte Petersilie

Linsen waschen. Schweinerippchen unter fließendem kaltem Wasser abspülen, trockentupfen, mit den gewaschenen Linsen in das Wasser geben. Alles zum Kochen bringen, fast weich kochen lassen. Kartoffeln schälen, waschen, in Würfel schneiden. Suppengrün putzen, waschen, kleinschneiden. Zwiebeln abziehen, halbieren, in Scheiben schneiden. Mettwurst und die drei Zutaten zu den Linsen geben, mit Salz, Pfeffer, Essig und Liebstöckel würzen, in etwa 1 1/2 Stunden gar kochen lassen.
Die Suppe nochmals mit Salz und Pfeffer abschmecken. Schweinerippchen und Mettwurst dazureichen oder kleingeschnitten in die Suppe geben. Mit Petersilie bestreuen.

Graupensuppe

40-50 g Graupen, 1 l Fleisch- oder Gemüsebrühe, 250 g Blumenkohl, 200 g Sellerie, 250 g Porree (Lauch), Salz, frisch gemahlener Pfeffer

Graupen abspülen, die Brühe zum Kochen bringen und die Graupen bei schwacher Hitze kochen lassen. Blumenkohl von schlechten Blättern und dem Strunk befreien. Den Blumenkohl in Röschen zerteilen. Sellerie putzen, waschen und würfeln. Porree putzen, waschen und in Ringe schneiden. Nach 30 Minuten das Gemüse in die Brühe geben und nochmals 30 Minuten kochen lassen. Die Suppe mit Salz und Pfeffer abschmecken.

Angeblich sind es ja die dümmsten Bauern, die die dicksten Kartoffeln ernten. Den Westfalen kratzt solch spitzfindige Weisheit nicht. So hat er schon manches Vorurteil vom schweren Eichentisch gewischt und bekennt sich freimütig zum hauseigenen Ackergold. Er liebt seine Scholle und die tolle Knolle, die dort so reichlich wächst. Von früh bis spät begleitet sie ihn, kommt als herzhaftes Bauernfrühstück, als schmackhafter Puffer zu Mittag, als kräftiger oder süßer Pickert am Nachmittag und als gut gepflegtes, weil einzig wahres Bratkartoffelverhältnis am Abend auf den Tisch. Ohne Kartoffel geht gar nichts. Sie krönt den exquisiten heimischen Spargel und den weltberühmten Schinken, gehört zu Kohlrabi, Wirsing und Grünkohl. Nicht einmal das westfälische Nationalgericht – Dicke Bohnen und Speck – kann darauf, will es sich von seiner feinen Seite zeigen, verzichten. Des Bürgers liebster Trüffel setzt fürwahr Himmel und Erde in Bewegung.

Schwarzwurzeln in Sahne

1 kg Schwarzwurzeln, 1 l kaltes Wasser, 2 gestrichene EL Weizenmehl, 2 EL Essig, 375 ml (3/8 l) Wasser, 1 TL Salz, 2 EL Essig, 30 g Butter oder Margarine, 35 g Weizenmehl, 375 ml (3/8 l) Kochwasser von den Schwarzwurzeln, 125 ml (1/8 l) Schlagsahne, 1 Eigelb, 2 EL kaltes Wasser, frisch gemahlener weißer Pfeffer, 1-2 EL feingehackte glatte Petersilie

Schwarzwurzeln unter fließendem Wasser gründlich bürsten, schälen und nochmals waschen. Das kalte Wasser mit dem Weizenmehl und dem Essig verrühren. Die Schwarzwurzeln einige Zeit hineinlegen, abtropfen lassen und in Stücke schneiden. 375 ml (3/8 l) Wasser mit Salz und Essig zum Kochen bringen und die Schwarzwurzeln hineingeben, zum Kochen bringen, in 15-20 Minuten gar kochen lassen. Die Schwarzwurzeln in eine vorgewärmte Schüssel geben, warm stellen. Von dem Kochwasser 375 ml (3/8 l) abmessen.
Für die Sahnesauce Butter oder Margarine zerlassen. Weizenmehl unter Rühren so lange darin erhitzen, bis es hellgelb ist. Das zurückbehaltene Kochwasser von den Schwarzwurzeln mit der Sahne hinzugießen, mit einem Schneebesen durchschlagen, darauf achten, daß keine Klumpen entstehen. Die Sauce zum Kochen bringen, etwa 5 Minuten kochen lassen. Eigelb mit dem kalten Wasser verschlagen. Die Sauce damit abziehen, aber nicht mehr kochen lassen, mit Salz und Pfeffer abschmecken.
Die Petersilie unterrühren. Die Schwarzwurzeln in der Sauce anrichten.
Tip: Dazu schmecken gekochter Schinken und Salzkartoffeln.

Dicke Bohnen mit Speck

(Foto Seite 34/35)

750 g ausgepalte Dicke Bohnen , (2 1/2-3 kg mit Hülsen), 1 Stengel Bohnenkraut, 100 g durchwachsener Speck, 2-3 Zwiebeln, gut 125 ml (1/8 l) Wasser, Salz, 1 EL feingeschnittener Schnittlauch

Bohnen und Bohnenkraut waschen. Speck in Würfel schneiden und auslassen. Zwiebeln abziehen, halbieren, in Scheiben schneiden, in dem Speck goldgelb dünsten. Die Bohnen hinzufügen, mitdünsten lassen, Bohnenkraut, Wasser und Salz dazugeben, in etwa 40 Minuten gar dünsten lassen, mit Schnittlauch bestreuen.
Tip: Durchwachsenen Speck in Scheiben schneiden, braun braten und dazureichen.

Blumenkohlauflauf mit Käsehaube

1 Blumenkohl, kochendes Salzwasser, 200 g Schinkenreste, 200 ml Schlagsahne, 1 Ei, 1 TL eingelegter grüner Pfeffer, 125 g in Scheiben geschnittener roher Schinken, 50 g Butter, 20 g Weizenmehl, 125 ml (1/8 l) Milch, 3 Eigelb, 50 g geriebener Käse, 3 Eiweiß

Die Blätter und schlechten Stellen vom Blumenkohl entfernen. Den Strunk abschneiden. Den Blumenkohl gründlich waschen und in kochendes Salzwasser geben, zum Kochen bringen, 10-12 Minuten kochen lassen, abtropfen lassen. Die Röschen vom Strunk lösen. Schinkenreste grob zerkleinern, pürieren. Sahne mit Ei und grünem Pfeffer gut verrühren. Den in dünne Scheiben geschnittenen Schinken in feine Würfel schneiden, unterrühren. Die Hälfte der Schinken-Sahne-Masse in eine gefettete, feuerfeste Form (etwa 1-Liter-Inhalt) geben. Die Hälfte der Blumenkohlröschen hineingeben, mit der restlichen Schinken-Sahne-Masse bedecken. Die restlichen Blumenkohlröschen hineindrücken. Butter zerlassen und das Weizenmehl unter Rühren darin erhitzen, bis es hellgelb ist. Milch unter Rühren hinzugießen, darauf achten, daß keine Klumpen entstehen, zum Kochen bringen, etwa 5 Minuten kochen lassen und von der Kochstelle nehmen. Eigelb mit Käse verschlagen und unterrühren. Eiweiß steif schlagen, unter die Käsemasse heben. Die Käsemasse auf dem Blumenkohl verteilen. Die Form auf dem Rost in den vorgeheizten Backofen schieben und bei etwa 200 °C (Heißluft etwa 180 °C) etwa 35 Minuten backen.

Steckrübengemüse

1 Steckrübe (etwa 1 kg), 1 gehäufter EL Butterschmalz, 1 gehäufter EL Zucker, 250 ml (1/4 l) Fleischbrühe, Salz, frisch gemahlener Pfeffer, geriebene Muskatnuß, 3 EL gehackte Kräuter

Die Steckrübe schälen, waschen, in gut 1/2 cm breite Stifte schneiden. Butterschmalz zerlassen und den Zucker unter Rühren darin leicht bräunen lassen. Die Steckrübenstifte hinzufügen, unter Rühren etwa 5 Minuten dünsten lassen. Fleischbrühe hinzugießen, das Gemüse mit Salz, Pfeffer, Muskatnuß würzen. Zugedeckt in etwa 20 Minuten gar dünsten lassen. Mit gehackten Kräutern bestreuen und sofort servieren.

Tip: Steckrübengemüse schmeckt besonders gut zu Rinderschmorbraten (siehe Seite 58).

Rotkohl

(Foto)

1 kg Rotkohl, 1 große Zwiebel, 3 saure Äpfel, 60 g Gänse- oder Schweineschmalz, 1 Lorbeerblatt, einige Gewürznelken, Salz, Zucker, 1 Prise gemahlener Zimt, 2 EL Weißweinessig, 125 ml (1/8 l) Wasser

Von dem Rotkohl die groben äußeren Blätter entfernen, den Kohl vierteln, vom Strunk befreien, waschen, sehr fein schneiden oder hobeln. Die Zwiebel abziehen, fein würfeln. Die Äpfel schälen, vierteln, entkernen und kleinschneiden. Das Schmalz in einem Kochtopf zerlassen, die Zwiebelwürfel darin hellgelb andünsten, den Kohl hinzufügen, andünsten. Apfelstückchen, Gewürze und Weißweinessig dazugeben. Das Wasser angießen und den Rotkohl etwa 1 Stunde dünsten lassen. Mit Salz und Zucker abschmecken.
Tip: Anstelle von Wasser Weiß- oder Rotwein nehmen und evtl. auch 1 Eßlöffel Johannisbeergelee mitkochen.

Stampfkartoffeln

1 kg Kartoffeln, 250 ml (1/4 l) heiße Milch, 60 g weiche Butter, Salz, geriebene Muskatnuß

Die Kartoffeln schälen, waschen, in Stücke schneiden, in Salzwasser in etwa 20 Minuten garen, dann abgießen. Mit dem Kartoffelstampfer zerdrücken. Nach und nach Milch und Butter unterrühren und weiterrühren, bis ein geschmeidiger Brei entstanden ist. Mit Salz und geriebener Muskatnuß abschmecken.
Tip: Dazu gebräunte Zwiebelringe reichen.

Schnippelbohnen mit Speck

750 g Grüne Bohnen, 2-3 Bohnenkrautzweige, 150 g durchwachsener Speck, 1 EL Butter, 2 Zwiebeln, etwa 6 EL Wasser, Salz, frisch gemahlener Pfeffer, 2-3 EL gehackte Petersilie

Bohnen evtl. abfädeln, waschen, abtropfen lassen, schnippeln. Bohnenkrautzweige vorsichtig abspülen, trockentupfen. Speck in feine Streifen schneiden. Butter erhitzen, die Speckstreifen darin ausbraten. Zwiebeln abziehen, fein würfeln, in dem Speckfett goldgelb dünsten. Bohnen und Bohnenkraut hinzufügen, durchdünsten lassen, Wasser hinzugießen. Das Gemüse zugedeckt in etwa 15 Minuten gar dünsten lassen, mit Salz, Pfeffer würzen, die Petersilie unterrühren.
Tip: Schnippelbohnen mit Speck zu Pellkartoffeln servieren.

Westfälischer Kastenpickert

30 g Hefe, 1 TL Zucker, gut 250 ml (1/4 l) lauwarme Milch, 1 kg Kartoffeln, 500 g Weizenmehl, Salz, 2 Eier, 250 g Rosinen, Semmelbrösel, Butter

Die Hefe zerbröckeln, mit 1 Teelöffel Zucker und 5 Eßlöffeln Milch gut verrühren, dann ruhen lassen. Die Kartoffeln schälen, waschen, fein reiben, gut abtropfen lassen oder in einem sauberen Tuch gut auspressen. Das Mehl in eine Rührschüssel sieben, in die Mitte eine Vertiefung eindrücken. Die aufgelöste Hefe hineingeben und sie etwa 1/2 cm dick mit Mehl bestreuen. Salz und Eier an den Rand des Mehls geben. Sobald das auf die Hefe gestreute Mehl rissig wird, die Hefe von der Mitte aus mit dem Mehl, den übrigen Zutaten und der restlichen Milch mit dem Handrührgerät mit Knethaken so lange verkneten, bis sich der Teig vom Boden löst. Die Kartoffelmasse gut unterkneten und den Teig an einem warmen Ort etwa 45 Minuten gehen lassen, bis er etwa doppelt so hoch ist. Den Teig nochmals gut durchkneten und die verlesenen Rosinen einarbeiten. Den Teig in eine gut ausgefettete und mit Semmelbröseln ausgestreute Kastenform füllen. Nochmals an einem warmen Ort gehen lassen, bis er etwa um 1/3 höher ist. Den Pickert in den vorgeheizten Backofen schieben und bei 180-200 °C 1 1/4-1 1/2 Stunden backen.
Den gut ausgekühlten Pickert in fingerdicke Scheiben schneiden. Kurz vor dem Servieren von beiden Seiten in Butter goldbraun braten und heiß servieren.
Tip: Konfitüre, Sirup oder Leberwurst dazu servieren.

Lappenpickert

1 1/2 kg Kartoffeln, Salz, 4 Eier, 250 g Weizenmehl, 125 ml (1/8 l) Milch, Speckschwarte

Kartoffeln schälen, waschen, fein reiben und mit Salz, Eiern, Weizenmehl und Milch verrühren. Der Teig muß dickflüssig sein. Den Lappenpickert auf einer besonderen Eisenplatte, die mit einer Speckschwarte gefettet ist, backen. Den Teig so auf der Platte verteilen, daß entweder ein großes dünnes, zusammenhängendes Gebäck entsteht oder mehrere kleine Plätzchen. Sobald der Pickert auf der unteren Seite gebräunt ist, ihn mit einem möglichst breiten Messer wenden. Auf der anderen Seite bräunen. Den Pickert frisch oder aufgewärmt servieren.
Tip: Dazu Butter, Rübenkraut oder Leberwurst servieren.
Statt der Eisenplatte können Sie auch eine gußeiserne Pfanne nehmen.

Spargel mit westfälischem Schinken

1 kg Spargel, 375 ml (3/8 l) Wasser,
1 TL Salz, Zucker, 70 g Butter,
500 g feingeschittener, westfälischer
Knochenschinken

Spargel von oben nach unten schälen, darauf achten, daß die Schalen vollständig entfernt, die Köpfe aber nicht verletzt werden. Die unteren Enden gerade und alle Stangen möglichst gleichlang schneiden. Holzige Stellen vollkommen wegschneiden. Den Spargel waschen, bündeln und mit Wasser, Salz, Zucker und 10 g Butter zum Kochen bringen. Den Spargel hineingeben, zum Kochen bringen, in 15 Minuten gar kochen lassen. Den garen Spargel mit einem Schaumlöffel vorsichtig herausnehmen, auf eine vorgewärmte Platte legen und die Fäden entfernen. Die restliche Butter zerlassen, nach Belieben bräunen. Schinken und Spargel auf Tellern anrichten, die Butter dazu reichen.

Pellkartoffeln und Duckefett

1 kg mehligkochende Kartoffeln,
150 g durchwachsener Speck, 2 Zwiebeln,
250 ml (1/4 l) Milch, 2 EL Schmand

Die Kartoffeln waschen und in Salzwasser 20-25 Minuten gar kochen lassen, abgießen, sofort abpellen und warm stellen. Für das Duckefett den Speck in kleine Würfel schneiden und auslassen. Die Zwiebeln abziehen, würfeln und hellbraun darin braten. Die Milch hinzugießen, den Schmand unterrühren und kurz aufkochen lassen. Mit den Pellkartoffeln servieren.

Potthucke

500 g gekochte Salzkartoffeln (mehligkochend), 700 g mehligkochende rohe
Kartoffeln, 200 g Schmand, 4 Eier, Salz,
Pfeffer, 100 g Rauchenden, 2 EL Butter

Die gekochten Kartoffeln heiß durch eine Kartoffelpresse geben, kalt stellen. Die rohen Kartoffeln schälen, fein reiben, in einem Küchentuch auspressen. Beide Zutaten mit Schmand und Eiern vermengen, mit Salz und Pfeffer abschmecken. Die Rauchenden in Würfel schneiden, unter den Teig heben. Eine Kastenform (30x11 cm) mit Backpapier auslegen, die Masse einfüllen und in den vorgeheizten Backofen schieben, bei 180 °C (Heißluft 160 °C) etwa 1 1/4 Stunden backen. Die Form aus dem Ofen nehmen, etwas abkühlen lassen, auf eine Platte stürzen, erkalten lassen und in 1 1/2 cm dicke Scheiben schneiden. Butter in einer Pfanne erhitzen, die Scheiben darin von beiden Seiten etwa 5 Minuten braten.

Bauernfrühstück

(Foto)

750 g Salatkartoffeln, 75 g durchwachsener Speck, 30 g Margarine, 4 Zwiebeln, 3 Eier, 3 EL Milch, Salz, frisch gemahlener Pfeffer, Paprika edelsüß, geriebene Muskatnuß, 125 g gewürfelter Schinkenspeck, 2 EL feingeschnittener Schnittlauch

Kartoffeln waschen, in Salzwasser zum Kochen bringen, in 20 Minuten gar kochen lassen, abgießen, abpellen und erkalten lassen. Die Kartoffeln in Scheiben schneiden. Den Speck fein würfeln, in einer Pfanne auslassen, Margarine dazugeben. Die Zwiebeln abziehen, fein würfeln, darin glasig braten. Die Kartoffelscheiben hinzugeben und anbraten. Die Eier mit Milch, Salz, Pfeffer, Paprika, Muskatnuß verquirlen. Schinkenspeckwürfel und Schnittlauch hinzugeben und über die gebräunten Kartoffeln geben, auf kleiner Hitze stocken lassen.

Kartoffelauflauf

1 kg Kartoffeln, 4 hartgekochte Eier, 2 Rauchenden, Butter, Salz, 2 Becher (je 150 g) saure Sahne, 3 gestrichene EL Semmelbrösel, 40 g Butterflöckchen

Kartoffeln waschen, in Wasser zum Kochen bringen, in 20-30 Minuten gar kochen lassen, sofort pellen und erkalten lassen. Die Eier pellen. Eier und Rauchenden in Scheiben schneiden, abwechselnd lagenweise in eine mit Butter gefettete Auflaufform füllen. Dabei Kartoffel- und Eierscheiben jeweils mit Salz bestreuen. Die oberste Schicht sollte aus Kartoffeln bestehen. Die saure Sahne über die Kartoffeln gießen. Den Auflauf mit Semmelbröseln bestreuen. Butter in Flöckchen darauf setzen. Die Auflaufform auf dem Rost in den vorgeheizten Backofen schieben und bei 220-240 °C (Heißluft 200-220 °C) 30-40 Minuten backen.

Mangold

1 kg Mangold, 50 g Butter, 1 Lorbeerblatt, 1-2 TL Kräuteressig, 125 ml (1/8 l) Milch, Salz, 125 ml (1/8 l) Schmand, frisch gemahlener Pfeffer

Mangold putzen, die Stengel von den Blättern schneiden. Die Blätter gründlich waschen, ohne Wasser gar dünsten lassen, dann grob oder fein schneiden. Die Mangoldstengel abziehen. Butter zerlassen, die Mangoldstengel darin andünsten. Lorbeerblatt, Kräuteressig und Milch hinzufügen, mit Salz würzen und in etwa 10 Minuten gar dünsten. Die kleingeschnittenen Mangoldblätter, den Schmand unterrühren und erhitzen. Das Gemüse mit Salz und Pfeffer abschmecken. Tip: Schmeckt besonders gut zu Schmandschinken und Pellkartoffeln (siehe Rezept Seite 62).

Kohlrabiauflauf

Etwa 1 kg Kohlrabi, 375 ml (3/8 l) Salzwasser, 1 kleine Zwiebel, 30 g Butter, 30 g Weizenmehl, 125 ml (1/8 l) Milch, Salz, frisch gemahlener Pfeffer, geriebene Muskatnuß, Paprika edelsüß, 375 g Hackfleisch (halb Rind-, halb Schweinefleisch), 1 Ei, 40 g geriebener Gouda, 20 g Butterflöckchen

Kohlrabi schälen, waschen, in Stifte schneiden. Das Salzwasser zum Kochen bringen, die Kohlrabi hineingeben und 8 Minuten kochen lassen. Auf ein Sieb geben, abtropfen lassen, dabei das Kochwasser auffangen und 250 ml (1/4 l) davon abmessen. Für die Sauce die Zwiebel abziehen und würfeln. Die Butter zerlassen, die Zwiebelwürfel darin andünsten. Das Weizenmehl dazugeben und verrühren. Das Kochwasser und die Milch hinzugießen, mit einem Schneebesen gut durchrühren. Die Sauce zum Kochen bringen und 5 Minuten kochen lassen. Kräftig mit Salz, Pfeffer, Muskatnuß und Paprika abschmecken. Das Hackfleisch mit dem Ei vermengen, in die Sauce geben, gut verrühren, nochmals zum Kochen bringen und abschmecken. Kohlrabistifte und Hackfleischsauce abwechselnd in eine gefettete Auflaufform geben, mit dem geriebenen Käse bestreuen und mit Butterflöckchen belegen. Die Form in den vorgeheizten Backofen stellen und bei 200-220 °C (Heißluft 180-200 °C) etwa 20 Minuten überbacken.

Schlemmertopf

700 g Kartoffeln, 5 EL Butterschmalz, Salz, frisch gemahlener Pfeffer, 1 mittelgroße Zwiebel, 150 g gekochter Schinken, 1 Stange Porree (Lauch), 1 Becher (150 g) Crème fraîche, 3 Eier, Kümmel

Kartoffeln waschen, schälen, in Stifte schneiden. 3 Eßlöffel Butterschmalz in einer Pfanne erhitzen. Die gestiftelten Kartoffeln hinzugeben, in etwa 20 Minuten goldbraun braten, mit Salz und Pfeffer würzen. Die Zwiebel abziehen, fein würfeln, kurz vor Beendigung der Bratzeit hinzufügen und mitbraten lassen. Das restliche Butterschmalz erhitzen, den gewürfelten, gekochten Schinken hinzufügen und darin anbraten lassen. In der Zwischenzeit den Porree putzen, gründlich waschen, kleinschneiden, hinzufügen und kurz mitandünsten. Die Bratkartoffeln in eine gut ausgefettete, feuerfeste Form geben, Crème fraîche und Eier verschlagen und über die Bratkartoffeln geben. Die Schinken-Lauch-Masse gleichmäßig darüber verteilen und mit Salz, Pfeffer und Kümmel würzen. Die Form auf dem Rost in den vorgeheizten Backofen schieben und bei etwa 220 °C (Heißluft 200 °C) 20-25 Minuten backen.
Tip: Statt gekochtem Schinken können Sie auch westfälischen Knochenschinken verwenden.

Jägerkohl

1 kg Weißkohl, 100 g durchwachsener Speck, 1 abgezogene Zwiebel, 1 EL Speiseöl, 250 ml (1/4 l) Fleischbrühe, Salz, frisch gemahlener Pfeffer, Essig, Zucker

Weißkohl vierteln, Strunk entfernen, die Blätter abspülen, abtropfen lassen, in feine Streifen schneiden. Speck und Zwiebel in Würfel schneiden. Das Öl in einem Topf erhitzen, die Speckwürfel darin auslassen, dann die Zwiebelwürfel hinzugeben und glasig dünsten. Den Weißkohl in den Topf geben, kurz andünsten, dann die Brühe hinzugeben, mit Salz und Pfeffer würzen, etwa 40 Minuten schmoren lassen.
Mit Essig, Zucker und Salz abschmecken.
Tip: Dazu Schweinebraten und Salzkartoffeln servieren.

Kartoffelpüfferchen mit Rosinen

500 g Weizenmehl, 1 Päckchen Trocken-Backhefe, 1 kg Kartoffeln, 3 Eier, Salz, 125 ml (1/8 l) lauwarme Milch, 250 g Rosinen, 200 g Butter

Das Weizenmehl in eine Schüssel sieben und mit der Trocken-Backhefe sorgfältig vermischen. Die Kartoffeln schälen, waschen, fein reiben, mit Eiern, Salz und Milch zu dem Mehl geben. Alles mit einem Handrührgerät mit Rührbesen zuerst auf niedrigster, dann auf höchster Stufe zu einem Teig verarbeiten. Den Teig an einem warmen Ort so lange gehen lassen, bis er etwa doppelt so hoch ist. Auf höchster Stufe nochmals durchschlagen. Die Rosinen verlesen und unter den Teig heben. Etwas von der angegebenen Buttermenge in einer Pfanne erhitzen, den Teig eßlöffelweise hineingeben, etwas flach drücken und von beiden Seiten goldbraun backen.

Wirsing-Möhren-Gemüse

2 Zwiebeln, 375 g Möhren, 500 g Wirsing, 50 g fetter Speck, Salz, frisch gemahlener Pfeffer, 125 ml (1/8 l) Wasser

Zwiebeln abziehen, halbieren, in Scheiben schneiden. Möhren putzen, schälen, waschen, in dünne Scheiben schneiden. Von dem Wirsing die äußeren Blätter entfernen, vom Strunk befreien, waschen und in Streifen schneiden. Den Speck würfeln und auslassen, Zwiebelscheiben und Gemüse hinzufügen, andünsten, mit Salz und Pfeffer würzen. Das Wasser angießen, das Gemüse in etwa 30 Minuten gar dünsten lassen und evtl. nochmals mit Salz und Pfeffer nachwürzen.

Himmel und Erde

(Foto)

750 g mehligkochende Kartoffeln, Salz, 3 mürbe Äpfel, 1 EL Zucker, 30 g Butter, frisch gemahlener Pfeffer, 100 g durchwachsener Speck, 2 Zwiebeln

Kartoffeln waschen, schälen, kleinschneiden und in Salzwasser in etwa 15 Minuten gar kochen. Inzwischen die Äpfel schälen, vierteln, entkernen, in Stücke schneiden und mit dem Zucker im geschlossenen Topf bei mittlerer Hitze weich dünsten.
Kartoffeln abgießen, das Wasser auffangen. Kartoffeln durchpressen oder pürieren und mit den Äpfeln und der Butter vermengen. Sollte das Mus zu fest sein, noch etwas Kartoffelwasser unterrühren. Mus mit Salz und Pfeffer würzen, den Speck würfeln. Zwiebeln schälen und in Ringe schneiden. Den Speck auslassen, die Zwiebeln darin dünsten und beides über das Kartoffelmus geben.
Tip: Zu gebratener Leber, Blutwurst oder Brühwurst reichen.

Spinat

1 kg Spinat, 1 Zwiebel, 25 g Butter, Salz, frisch gemahlener Pfeffer, geriebene Muskatnuß, 1 EL Crème fraîche

Den Spinat verlesen, gründlich waschen, ohne Wasser zum Kochen bringen, dann grob oder fein schneiden. Zwiebel abziehen, fein würfeln. Butter zerlassen, die Zwiebelwürfel darin hellgelb werden lassen. Spinat, Salz, Pfeffer, Muskatnuß hinzufügen, gar dünsten lassen. Crème fraîche unterrühren. Den Spinat mit Salz abschmecken.
Tip: Dazu Bratkartoffeln und Spiegeleier servieren.

Leinewebers Eierkuchen

600 g Kartoffeln, 150 g Weizenmehl, 4 Eier, 250 ml (1/4 l) Milch, Salz, frisch gemahlener Pfeffer, geriebene Muskatnuß, 1 Bund Schnittlauch, 150 g durchwachsener Speck, 1 EL Butter oder Margarine

Kartoffeln waschen, in Wasser garen, abgießen, abpellen und erkaltet in Scheiben schneiden. Mehl, Eier, Milch, Salz, Pfeffer, Muskatnuß gut miteinander verrühren, feingeschnittenen Schnittlauch hinzugeben. Den Speck in gleich große Würfel schneiden. Butter oder Margarine zerlassen, 1/4 der Speckwürfel in einer Pfanne auslassen, 1/4 der Kartoffelscheiben hinzufügen mit Salz und Pfeffer würzen und anbraten lassen. 1/4 des Eierkuchenteiges darübergeben und von beiden Seiten hellbraun backen. Aus den restlichen Zutaten drei weitere Leineweber Eierkuchen zubereiten.

Brennesselsalat

400 g junge, zarte Brennesselblätter, 1 Knoblauchzehe, 2-3 EL Zitronensaft, Salz, Pfeffer, etwas Apfeldicksaft, 3 EL Sonnenblumenöl, 1 kleine Möhre

Brennesselblätter vorsichtig abspülen, gut abtropfen lassen, evtl. in kleine Stücke zupfen. Für die Salatsauce Knoblauchzehe abziehen, durchpressen, mit Zitronensaft, Salz, Pfeffer, Apfeldicksaft, Sonnenblumenöl zu einer Sauce verrühren. Die Sauce vorsichtig mit den Brennesseln vermischen. Die Möhre putzen, schälen, waschen, grob reiben und über den Salat geben.

Rote-Bete-Salat

400 g Rote Bete, 1 säuerlicher Apfel, 3 EL Salatöl, 2 EL Zitronensaft oder Essig, Salz, Zucker, 1 Zwiebel, 2 EL Schlagsahne, 1 EL gehackte Petersilie

Die Rote Bete gründlich unter fließendem kaltem Wasser bürsten und schälen.
Den Apfel schälen, vierteln, entkernen. Rote Bete und Apfel raspeln. Für die Salatsauce Öl, Zitronensaft oder Essig, Salz und Zucker verschlagen. Zwiebel abziehen, fein würfeln und hinzugeben. Sahne und Petersilie unterrühren. Rote-Bete- und Apfelraspel mit der Sauce vermengen.

Kohlrabi-Kartoffel-Gratin

3-4 kleine Kohlrabi (etwa 500 g), 500 g Kartoffeln, 3-4 Zwiebeln, 150 g in Scheiben geschnittene Salami, 200 g geriebener Emmentaler, Salz, frisch gemahlener Pfeffer, 250 ml (1/4 l) Milch, 125 ml (1/8 l) Schlagsahne, 2 Eier, Paprika edelsüß, 2-3 EL Semmelbrösel, 1-2 EL Butter

Von den Kohlrabi alle Blätter entfernen. Kartoffeln und Kohlrabi schälen, waschen und in dünne Scheiben schneiden. Die Zwiebeln abziehen, ebenfalls in Scheiben schneiden, die Salami in Streifen schneiden. Eine flache Auflaufform gut ausfetten, die Zutaten abwechselnd einschichten, dabei sollte die untere und obere Schicht aus Kartoffelscheiben bestehen. Kohlrabi- und Kartoffelscheiben jeweils mit etwas von dem geriebenen Käse bestreuen und mit Salz und Pfeffer würzen. Milch, Sahne, Eier, Salz und Paprika gut miteinander verquirlen, über den Auflauf gießen. Den restlichen Käse mit den Semmelbröseln vermengen und über den Auflauf streuen. Die Butter zerlassen und als letztes darübergeben.
Die Form in den vorgeheizten Backofen schieben und bei etwa 200 °C (Heißluft etwa 180 °C) etwa 45 Minuten backen. Nach etwa der Hälfte der Garzeit die Form mit Pergamentpapier oder Alufolie abdecken, damit das Gratin nicht zu dunkel wird.

Rosenkohl mit Quarkhaube

1 kg Rosenkohl, kochendes Salzwasser, Pfeffer, 400 g Fleischwurst, 1 Packung (200 g) Frühlingsquark, 2 Eier, 1 EL Semmelbrösel, 2 EL geriebener Parmesan

Rosenkohl putzen, die Röschen am Strunk kreuzförmig einschneiden. Den Rosenkohl waschen, in kochendes Salzwasser geben, zum Kochen bringen, in 15-20 Minuten gar dünsten lassen, abgießen. Rosenkohl in eine gefettete, feuerfeste Form geben, mit Pfeffer bestreuen. Die Fleischwurst enthäuten, in Würfel schneiden, darübergeben. Frühlingsquark mit den Eiern gut verrühren, darüber verteilen. Semmelbrösel mit dem Parmesan mischen, darüberstreuen. Die Form auf dem Rost in den vorgeheizten Backofen schieben und bei etwa 200 °C (Heißluft etwa 180 °C) etwa 20 Minuten backen.

Brühkartoffeln

1 kg Kartoffeln, 500 ml (1/2 l) Fleischbrühe, Salz, 1 EL Butter, 1 EL gehackte Petersilie

Kartoffeln schälen, waschen, in Würfel schneiden, in der Fleischbrühe zum Kochen bringen, gar kochen lassen. Die Kartoffeln mit Salz abschmecken. Butter und Petersilie hinzufügen, die Kartoffeln kurz schwenken.

Kartoffelauflauf mit Schinken

1 kg Kartoffeln, 75 g roher Schinken, 75 g gekochter Schinken, 30 g Margarine, 35 g Weizenmehl, 250 ml (1/4 l) heiße Fleischbrühe, 250 ml (1/4 l) Milch, Salz, 2 EL Semmelbrösel, 1 EL Butter

Die Kartoffeln waschen, in Wasser in 20-30 Minuten gar kochen lassen. Abgießen, heiß pellen, erkalten lassen und in Scheiben schneiden. Die beiden Schinkensorten in kleine Würfel schneiden. Kartoffeln und Schinken abwechselnd lagenweise in eine gefettete Auflaufform schichten, die oberste Schicht soll aus Kartoffeln bestehen. Margarine in einem Kochtopf zerlassen, das Mehl unter Rühren so lange darin erhitzen, bis es hellgelb ist. Brühe und Milch hinzugießen, mit einem Schneebesen durchschlagen und darauf achten, daß keine Klümpchen entstehen. Die Sauce zum Kochen bringen und etwa 5 Minuten kochen lassen. Mit Salz abschmecken. Die Sauce über die Kartoffeln gießen. Den Auflauf mit Semmelbröseln bestreuen und mit Butterflöckchen belegen. Die Auflaufform in den vorgeheizten Backofen schieben und bei 200-220 °C (Heißluft 180-200 °C) 30-40 Minuten backen.

Dicke Bohnen und Möhrengemüse

(Foto)

1,5 kg Dicke Bohnen (500 g ausgepalt), 500 g Möhren, 1 Zwiebel, 1 Stengel Bohnenkraut, 30 g Butter, 100 ml Fleischbrühe, 4 EL Schlagsahne, 2 EL Honig, Salz, frisch gemahlener Pfeffer, 2-3 TL Essig-Essenz 25%, 8 Scheiben Schinkenspeck

Die Bohnen auspalen, die Möhren putzen, schälen, vierteln und in 3-4 cm lange Stifte schneiden. Die Zwiebel abziehen, fein würfeln. Butter zerlassen und die Zwiebelwürfel darin glasig dünsten. Das Gemüse zugeben und 2 Minuten unter Rühren dünsten lassen. Fleischbrühe und Sahne hinzugießen und zugedeckt etwa 20 Minuten garen. Mit Honig, Salz, Pfeffer und Essig-Essenz abschmecken. Den Schinkenspeck ausbraten, zum Gemüse servieren.
Tip: Mit Pellkartoffeln servieren.

Kartoffelpuffer mit Schinken und Schmand

1 kg Kartoffeln, 1 kleine Zwiebel, 4 Eier, 1 TL Salz, 40 g Weizenmehl, Speiseöl, 250 g feingeschnittener, westfälischer Knochenschinken, 200 g Schmand

Kartoffeln waschen und schälen. Zwiebel abziehen, beide Zutaten fein reiben und auf einem Sieb abtropfen lassen. Eier, Salz und Mehl hinzufügen und unterrühren. In einer beschichteten Pfanne das Öl erhitzen. Mit einer Saucenkelle den Teig hineingeben und sofort flachdrücken. Bei mittlerer Hitze von beiden Seiten so lange braten, bis der Rand knusprig braun ist. Sofort aus der Pfanne nehmen, auf Tellern mit Schinken und Schmand servieren.

Erbsen und Möhren

500 g Möhren, 250 g ausgepalte Erbsen (750 g mit Hülsen), 40 g Butter, 125 ml (1/8 l) Wasser, Salz, Zucker, 1 EL Weizenmehl, 2 EL kaltes Wasser, gehackte Petersilie

Möhren putzen, waschen, schälen. Wenn sie noch jung und zart sind, ganz lassen, andernfalls in Scheiben oder Stifte schneiden. Erbsen waschen, Butter zerlassen und das Gemüse darin andünsten. Wasser, Salz und Zucker hinzufügen, in etwa 20-30 Minuten gar dünsten lassen. Nach Belieben das Weizenmehl mit kaltem Wasser anrühren und das Gemüse damit binden, mit Salz abschmecken, mit Petersilie bestreut servieren.

Schwein hat der Westfale immer schon gehabt. Während das fette Borstenvieh vielerorts in Verruf geriet, hielt man hier treu und unbeirrt zu seiner Schwarte. Schinken, Mettwürste und Sülzen sind nach wie vor köstliche Attribute und besonders gut, wenn sie aus den leider viel zu selten gewordenen Hausschlachtungen kommen.

Selbst der heißgeliebte Pfefferpotthast, ein reichhaltiger Fleischtopf, wurde ursprünglich aus Schweinefleisch gekocht, später nahm man Rind dazu.

So manche Spezialität hat sich verändert. Das Münsterländer Töttchen, einst ein Ragout aus Kalbskopf, Magen und Maul, wird nun aus Rind, Kalbshirn, -lunge und -herz gemacht. Das ist vermutlich immer noch nicht jedermanns Sache. Da greifen viele lieber gleich auf leichtere Kost zurück und die liefert das allgegenwärtige Federvieh jederzeit in schmackhaften Variationen.

Sauerbraten

(Foto Seite 52/53)

1 kg Rindfleisch (aus der Keule, ohne Knochen), 2 mittelgroße Zwiebeln, 1 Bund Suppengrün, 5 Pimentkörner, 2 Gewürznelken, einige Pfefferkörner, 2 Lorbeerblätter, 1 Zweig Thymian, 250 ml (1/4 l) Weißwein, 250 ml (1/4 l) Weinessig, frisch gemahlener Pfeffer, Salz, 75 g fetter Speck, 40 g Pumpernickel 1 Stück Zitronenschale (unbehandelt), 40 g verlesene Rosinen, 10 g Weizenmehl, 2 EL kaltes Wasser, etwas Zucker

Rindfleisch unter fließendem kaltem Wasser abspülen, trockentupfen und in eine Schüssel geben. Für die Marinade die Zwiebeln abziehen, kleinschneiden. Das Suppengrün putzen, kleinschneiden und waschen. Beide Zutaten mit Pimentkörnern, Gewürznelken, Pfefferkörnern, Lorbeerblättern, Thymian zu dem Fleisch geben. Weißwein mit Weinessig verrühren, über das Fleisch gießen (das Fleisch muß mit der Marinade bedeckt sein). Zugedeckt 2-3 Tage an einem kühlen Ort stehenlassen. Das Fleisch ab und zu wenden. Das gesäuerte Fleisch trockentupfen, mit Pfeffer und Salz würzen. Den fetten Speck in Würfel schneiden, in einem Bratentopf auslassen, die Grieben herausnehmen. Das Fleisch von allen Seiten gut darin anbraten. Die Marinade durch ein Sieb gießen, 250 ml (1/4 l) davon abmessen. Das Gemüse zu dem Fleisch geben und gut durchdünsten lassen. Das Fleisch etwa 1 1/2 Stunden schmoren lassen, von Zeit zu Zeit wenden. 125 ml (1/8 l) der Marinade und den zerbröselten Pumpernickel mit der Zitronenschale und den Rosinen zu dem Sauerbraten geben und noch 30 Minuten weiterschmoren lassen. Das gare Fleisch herausnehmen, 10 Minuten ruhen lassen. Das Fleisch in Scheiben schneiden, auf einer vorgewärmten Platte anrichten, warm stellen. Weizenmehl mit kaltem Wasser anrühren und die Flüssigkeit damit binden. Die Sauce mit Salz, Pfeffer und Zucker abschmecken.

Tip: Kartoffeln und Bohnengemüse dazu servieren.

Leber

4 Scheiben Kalbs- oder Rinderleber, (1 1/2-2 1/2 cm dick), frisch gemahlener Pfeffer, Speiseöl, Salz, Preiselbeerkompott

Leber unter fließendem kaltem Wasser abspülen, trockentupfen, von der feinen Haut, Sehnen und Röhren befreien. Die Leber mit Pfeffer bestreuen, mit Speiseöl bestreichen und unter den vorgeheizten Grill schieben und von beiden Seiten 3-4 Minuten grillen. Die gegrillten Leberscheiben mit Salz bestreuen und nach Belieben mit Preiselbeerkompott anrichten.

Rindfleischragout

600 g Rindfleisch (ohne Knochen), 750 ml (3/4 l) kochendes Salzwasser, 1 mittelgroße Zwiebel, 1 kleines Lorbeerblatt, 4 Pimentkörner, 1 Päckchen Suppengrün (tiefgekühlt), 50 g Butter, 50 g Weizenmehl, 1 Zwiebel, 500 g (1/2 l) Rindfleischbrühe, Salz, frisch gemahlener Pfeffer, Speisewürze, Essig, Zucker, 1 Essiggurke

Rindfleisch unter fließendem kaltem Wasser abspülen, trockentupfen, in Würfel schneiden, in das kochende Salzwasser geben, zum Kochen bringen, abschäumen. Zwiebel abziehen, zusammen mit Lorbeerblatt, Pimentkörnern und Suppengrün in das Salzwasser geben. Das Fleisch gar kochen lassen. Die Brühe durch ein Sieb gießen. 500 ml (1/2 l) davon abmessen. Für die Sauce die Butter zerlassen. Das Weizenmehl unter Rühren so lange darin erhitzen, bis es braun ist. Die Zwiebel abziehen, fein würfeln und in das leicht gebräunte Mehl geben. Rindfleischbrühe hinzugießen, mit einem Schneebesen durchschlagen. Darauf achten, daß keine Klumpen entstehen. Die Sauce zum Kochen bringen, etwa 5 Minuten kochen lassen. Das Fleisch in die Sauce geben. Das Ragout mit Salz, Pfeffer, Speisewürze, Essig und Zucker abschmecken. Die Essiggurke in Würfel oder Scheiben schneiden und in das Ragout geben.
Tip: Dazu Salzkartoffeln servieren.

Rinderrouladen

4 Scheiben Rindfleisch (je 150 g aus der Keule), Salz, frisch gemahlener Pfeffer, Senf, 60 g durchwachsener Speck, 100 g Zwiebeln, 2 mittelgroße Gewürzgurken, 40 g Pflanzenfett, 2 mittelgroße Zwiebeln, 1 Bund Suppengrün, heißes Wasser, 1 1/2 EL Weizenmehl, 3 EL kaltes Wasser

Die Rindfleischscheiben mit Salz und Pfeffer bestreuen und mit Senf bestreichen. Den durchwachsenen Speck in Streifen schneiden. Die Zwiebeln abziehen, halbieren, in Scheiben schneiden. Gewürzgurken in Streifen schneiden. Die Zutaten auf die Fleischscheiben geben. Von der schmalen Seite her aufrollen, mit Holzstäbchen oder Fäden zusammenhalten. Das Fett erhitzen, die Rouladen von allen Seiten gut darin anbraten. Die zwei Zwiebeln abziehen, vierteln. Das Suppengrün putzen, waschen, kleinschneiden. Beide Zutaten kurz mitbraten lassen. Etwas heißes Wasser hinzugießen, die Rouladen etwa 1 1/2 Stunden schmoren lassen. Von Zeit zu Zeit wenden, verdampfte Flüssigkeit nach und nach durch heißes Wasser ersetzen. Von den garen Rouladen die Fäden oder Holzstäbchen entfernen, auf einer vorgewärmten Platte anrichten, warm stellen. Den Bratensatz mit Wasser auf 375 ml (3/8 l) auffüllen, zum Kochen bringen. Mehl mit dem kaltem Wasser anrühren, die Flüssigkeit damit binden. Die Sauce mit Salz und Pfeffer abschmecken.

Zungenragout

1 gepökelte Rinderzunge (etwa 1 1/4 kg), 2 l kochendes Salzwasser, 1 Bund Suppengrün, 1 Zwiebel, 1 Lorbeerblatt, 10 Pfefferkörner, 100 g Butter, 100 g Weizenmehl, 1 l Zungenbrühe, 250 ml (1/4 l) Madeira, Salz, frisch gemahlener Pfeffer, Zucker, 150 g Cocktailwürstchen, etwa 250 g gedünstete Champignons

Die Zunge unter fließendem kaltem Wasser abspülen, in das kochende Salzwasser geben. Das Suppengrün putzen, waschen kleinschneiden. Die Zwiebel abziehen mit dem Lorbeerblatt und den Pfefferkörnern zu der Zunge geben, zum Kochen bringen, in 2 1/4-2 1/2 Stunden gar kochen lassen. Die Zunge aus der Brühe nehmen, prüfen ob sie gar ist. Die Zunge dann mit kaltem Wasser abspülen, die Haut abziehen, das obere knorpelige Ende ablösen. Die Zunge in Scheiben schneiden. Die Brühe durch ein Sieb gießen. 1 Liter davon abmessen. Für die Sauce die Butter zerlassen, das Weizenmehl unter Rühren so lange darin erhitzen, bis es fast dunkelbraun ist. Die Zungenbrühe hinzugießen, mit einem Schneebesen durchschlagen, darauf achten, daß keine Klumpen entstehen. Die Sauce zum Kochen bringen, etwa 5 Minuten kochen lassen. Madeira hinzugießen und erhitzen. Die Sauce mit Salz, Pfeffer und Zucker abschmecken. Zungenscheiben, Cocktailwürstchen, gedünstete Champignons in die Sauce geben, zum Kochen bringen, einige Minuten kochen lassen. Das Ragout evtl. nochmals mit Salz, Pfeffer und Zucker abschmecken.

Schweinebauch mit Steckrüben

(Foto)

500 g Schweinebauch (ohne Knochen), 1 Steckrübe (750-800 g), 500 g Kartoffeln, Salz, frisch gemahlener Pfeffer, 1 TL Kümmel, 500 ml (1/2 l) Wasser, 50 g durchwachsener Speck, 1 Zwiebel

Schweinebauch unter fließendem kaltem Wasser abspülen, trockentupfen und in dicke Scheiben schneiden. Steckrübe und Kartoffeln schälen, waschen, in Würfel schneiden. Die Fleischscheiben in einen Topf geben, die Steckrüben- und Kartoffelwürfel hinzufügen, mit Salz, Pfeffer und Kümmel würzen. Wasser hinzugeben, zum Kochen bringen, in einem gut schließenden Topf in etwa 1 Stunde gar dünsten. Das Fleisch aus dem Topf nehmen. Steckrüben- und Kartoffelwürfel mit Salz und Pfeffer kräftig abschmekken. Den Speck fein würfeln und auslassen. Die Zwiebel abziehen, würfeln und in dem ausgelassenem Speck anbraten. Die Speck-Zwiebel-Masse zu dem Gemüse geben, umrühren und die Schweinebauchscheiben wieder hinzugeben.

Kohlrouladen

Etwa 2 kg Wirsing, kochendes Salzwasser, 1 Brötchen, 1 Zwiebel, 1 Ei, 400 g Hackfleisch (halb Rind-, halb Schweinefleisch), Salz, frisch gemahlener Pfeffer, etwa 1 TL Senf, 4 EL Speiseöl, 250 ml (1/4 l) Fleischbrühe, 20 g Weizenmehl, 2 EL kaltes Wasser

Den Strunk aus dem Wirsing herausschneiden und den Kohl kurze Zeit in kochendes Wasser legen, bis sich die äußeren Blätter lösen. Die dicken Rippen des Wirsings flachschneiden. Für die Füllung das Brötchen in kaltem Wasser einweichen, gut ausdrücken. Zwiebel abziehen, würfeln. Die Zutaten mit Ei und Hackfleisch vermengen und mit Salz, Pfeffer, Senf würzen. Drei Kohlblätter fächerartig übereinanderlegen. Einen Teil der Füllung darauf geben, die Blätter aufrollen. Die Rouladen mit einem Faden umwickeln. Das Öl erhitzen und die Rouladen von allen Seiten gut darin bräunen. Fleischbrühe hinzugießen und die Rouladen 45-50 Minuten schmoren lassen. Von Zeit zu Zeit die Rouladen wenden. Wenn die Rouladen gar sind, herausnehmen, die Fäden entfernen, auf einer vorgewärmten Platte anrichten. Das Mehl mit dem kalten Wasser anrühren. Die Flüssigkeit damit binden, etwa 5 Minuten kochen lassen. Die Sauce mit Salz abschmecken.

Rinderschmorbraten

1 kg Rindfleisch (Schwanzstück, Blume), 1 Bund Suppengrün, 1 Zwiebel, 1 Tomate, 50 ml Speiseöl, Salz, 125-375 ml (1/8-3/8 l) heißes Wasser, 2 gestrichene EL Weizenmehl, 3 EL kaltes Wasser, 2 EL saure Sahne

Das Fleisch unter fließendem kaltem Wasser abspülen, trockentupfen. Das Suppengrün putzen und waschen. Die Zwiebel abziehen, die Tomate waschen. Die drei Zutaten kleinschneiden. Das Öl erhitzen und das Fleisch von allen Seiten gut darin anbraten, mit Salz bestreuen. Etwas heißes Wasser hinzugießen. Das Fleisch 2 1/2 Stunden schmoren lassen. Verdampfte Flüssigkeit nach und nach ersetzen. Das gare Fleisch in Scheiben schneiden, auf einer vorgewärmten Platte anrichten. Den Bratensatz nach Bedarf mit Wasser auffüllen, durch ein Sieb gießen, entfetten und zum Kochen bringen. Weizenmehl mit dem kalten Wasser anrühren. Die Flüssigkeit damit binden und die saure Sahne unterrühren.
Tip: Dazu Butterböhnchen und Salzkartoffeln servieren. Für die **Butterböhnchen** von 750 g Grünen Bohnen die Enden abschneiden, die Bohnen evtl. abfädeln, waschen, kleinschneiden. In kochendem Salzwasser in 15-20 Minuten gar kochen lassen.
40 g Butter zerlassen, die abgetropften Bohnen hinzugeben, schwenken, mit Salz und Pfeffer würzen.

Münsterländer Töttchen

500 g Kalbskopf, 500 g Kalbslunge, 500 g Kalbsherz, Salzwasser, 6 Zwiebeln, 2 Nelken, 10 Pfefferkörner, 1 Lorbeerblatt, 40 g Butter, 40 g Weizenmehl, frisch gemahlener Pfeffer, Essig, Zucker

Das Fleisch unter fließendem kaltem Wasser abspülen. Salzwasser zum Kochen bringen und das Fleisch hineingeben. Zwei Zwiebeln abziehen, mit Nelken spicken, mit Pfefferkörnern und dem Lorbeerblatt zu dem Fleisch geben, zum Kochen bringen, in etwa 3 Stunden gar kochen lassen.
Das Fleisch aus der Brühe nehmen, vom Knochen lösen, kleinschneiden, warm stellen. Die Brühe durch ein Sieb gießen und 500 ml (1/2 l) abmessen. Die restlichen Zwiebeln abziehen, fein würfeln. Butter zerlassen, die Zwiebelwürfel darin andünsten. Das Weizenmehl unter Rühren so lange darin erhitzen, bis es hellgelb ist. Fleischbrühe hinzugießen, mit einem Schneebesen durchschlagen, darauf achten, daß keine Klumpen entstehen, zum Kochen bringen und etwa 10 Minuten kochen lassen. Das Fleisch hinzufügen und kurze Zeit miterhitzen. Mit Pfeffer, Essig und Zucker abschmecken.
Tip: Dazu sauer eingelegte Gurken und Salzkartoffeln servieren.

Lippischer Wurstebrei

1-1 1/2 kg Schweinefleisch, 1 1/2 l Salzwasser, 1 Bund Suppengrün, 1 Zwiebel, 1-2 Lorbeerblätter, 2 Nelken, 125 g grobe Gerstengrütze, 250 g Zwiebeln, 1 TL gerebelter Majoran, 1 TL gemahlener Piment, 1 TL Pfeffer, 1 Msp. gemahlene Nelken, 250-375 ml (1/4-3/8 l) heißes Wasser, Salz, frisch gemahlener Pfeffer

Das Fleisch unter fließendem kaltem Wasser abspülen, trockentupfen, evtl. einmal durchschneiden. Wasser zum Kochen bringen, das Fleisch hineingeben. Suppengrün putzen, waschen, kleinschneiden. Zwiebel abziehen, mit dem Suppengrün, Lorbeerblättern und Nelken zu dem Fleisch geben, zum Kochen bringen, in 1 1/2 Stunden gar kochen lassen. Das Fleisch aus der Brühe nehmen, von den Knochen lösen, in Stücke schneiden. Die Brühe durch ein Sieb gießen, mit Wasser auf 1 1/2 l auffüllen, zum Kochen bringen. Gerstengrütze hinzufügen, zum Kochen bringen, weitere 10-15 Minuten quellen lassen. Zwiebeln abziehen, mit dem Fleisch durch den Fleischwolf drehen. Die Fleisch-Zwiebel-Masse mit Majoran, Piment, Pfeffer, Nelken zu der Gerstengrütze geben. Je nach Beschaffenheit des Wurstebreis evtl. noch heißes Wasser hinzugießen, aufkochen lassen, kräftig mit Salz und Pfeffer würzen.

Kasseler Rippenspeer

(Foto)

1 1/2 kg Kasseler Rippenspeer (mit Knochen, herausgelöst und zerkleinert), 1 Zwiebel, 1 Tomate, 1 Bund Suppengrün, heißes Wasser, 1 kleines Lorbeerblatt, 4 Gewürznelken, 25 g Weizenmehl, 1/2 Becher (75 g) Crème fraîche, Salz, frisch gemahlener Pfeffer

Das Kasseler unter fließendem kaltem Wasser abspülen, trockentupfen, die Fettschicht gitterförmig einschneiden. Zwiebel abziehen, Tomate waschen. Die drei Zutaten kleinschneiden. Das Fleisch mit der Fettschicht nach oben in eine mit Wasser ausgespülte Fettfangschale legen. Gemüse und Knochen hinzugeben, in den vorgeheizten Backofen schieben und bei 200-220°C (Heißluft 180-200°C) 50-60 Minuten braten. Sobald der Bratensatz bräunt, etwas heißes Wasser hinzugießen. Die verdampfte Flüssigkeit nach und nach durch heißes Wasser ersetzen. Lorbeerblatt und Gewürznelken 30 Minuten vor Beendigung der Bratzeit in die Fettfangschale geben. Das gare Fleisch in Scheiben schneiden, auf einer vorgewärmten Platte anrichten. Den Bratensatz mit etwas Wasser loskochen, durch ein Sieb gießen, mit Wasser auf 500 ml (1/2 l) auffüllen und auf der Kochstelle zum Kochen bringen. Weizenmehl mit Crème fraîche verrühren und die Flüssigkeit damit binden. Die Sauce mit Salz und Pfeffer abschmecken.

Grünkohl mit Kasseler

1 kg Grünkohl (vorbereitet gewogen), kochendes Wasser, 2 Zwiebeln, 50 g Schweineschmalz, 20 g Haferflocken, 375 ml (3/8 l) Wasser, Salz, 2 frische Mettwürste (300 g), 4 Kasseler Koteletts (500 g), frisch gemahlener Pfeffer, 2 TL Senf

Von dem Grünkohl die welken und fleckigen Blätter sowie die Rippen entfernen. Den Grünkohl gründlich waschen, in das kochende Salzwasser geben, zum Kochen bringen, 1-2 Minuten kochen, abtropfen lassen und den Grünkohl grob hacken. Zwiebeln abziehen und würfeln. Schmalz in einem Topf erhitzen, die Zwiebelwürfel darin andünsten. Den Grünkohl dazugeben, die Haferflocken unterrühren, alles erhitzen und das Wasser hinzufügen.
Mit Salz würzen und etwa 1 Stunde garen lassen. 20 Minuten vor Beendigung der Garzeit Mettwürste und Koteletts darauf geben und mitkochen lassen. Das Fleisch herausnehmen, die Mettwürste in Scheiben schneiden. Den Grünkohl mit Salz, Pfeffer und Senf abschmecken.
Tip: Dazu Salzkartoffeln und ein Glas Bier reichen.

Schweinebraten mit Brotkruste

$1\frac{1}{2}$ kg Schweinefleisch (aus der Keule),
Salz, frisch gemahlener Pfeffer,
3 EL Speiseöl, 3 Zwiebeln, 3 Möhren,
250 ml ($\frac{1}{4}$ l) heißes Wasser, 75 g geriebenes Schwarzbrot, $\frac{1}{2}$ TL Zucker,
1 Eiweiß, 1 Msp. gemahlene Nelken,
1 EL Weizenmehl, 2-3 EL kaltes Wasser

Schweinefleisch unter fließendem kaltem Wasser abspülen, trockentupfen und mit Salz und Pfeffer würzen. Öl in einem Bratentopf erhitzen. Das Fleisch von allen Seiten gut darin anbraten. Zwiebeln abziehen, die Möhren putzen, schälen, waschen. Das Gemüse in Stücke schneiden. Beide Zutaten zu dem Fleisch geben und andünsten. Den Bratentopf auf dem Rost in den vorgeheizten Backofen schieben und bei 200-220 °C (Heißluft 180-200 °C) $1\frac{3}{4}$ - 2 Stunden backen. Sobald der Bratensatz zu bräunen beginnt, etwas von dem heißen Wasser hinzugießen. Verdampfte Flüssigkeit nach und nach ersetzen, das Fleisch ab und zu wenden. Etwa 20 Minuten vor Beendigung der Bratzeit das Schwarzbrot mit Zucker, Eiweiß und Nelken verrühren. Auf das Fleisch streichen, etwas andrücken. Den garen Braten aus dem Bratentopf nehmen, abgedeckt warm stellen. Für die Sauce den Bratensatz mit Wasser loskochen, durch ein Sieb gießen. Mehl mit kaltem Wasser anrühren und unter die Flüssigkeit rühren, zum Kochen bringen. Nach etwa 5 Minuten die Sauce mit Salz und Pfeffer abschmecken und getrennt zu dem Braten reichen.
Tip: Als Beilage servieren Sie Rotkohl und Kartoffelklöße.

Schmandschinken

600 g luftgetrockneter Schinken,
250 ml ($\frac{1}{4}$ l) Milch, Weizenmehl,
40 g Butter, 125 ml ($\frac{1}{8}$ l) Schlagsahne,
125 ml ($\frac{1}{8}$ l) saure Sahne, 20 g Weizenmehl, frisch gemahlener Pfeffer,
Zitronensaft

Den Schinken in Scheiben schneiden, mit Milch übergießen und an einem kühlen Ort 4-5 Stunden stehenlassen, herausnehmen, trockentupfen und die Milch aufbewahren. Die Schinkenscheiben in Weizenmehl wenden. Butter erhitzen und die Schinkenscheiben kurz darin bräunen. Diese in eine feuerfeste Form geben. Den Bratensatz mit Schlagsahne und saurer Sahne auffüllen und zum Kochen bringen. Weizenmehl mit der zurückgelassenen Milch verrühren. Die Sahne damit binden, die Sauce mit Pfeffer und Zitronensaft mild abschmecken und über die Schinkenscheiben gießen.
Tip: Schmand ist ein Sauermilcherzeugnis mit einem Fettgehalt von mindestens 20% in der Trockenmasse.

Schweinepfeffer mit Pfifferlingen

500 g Schweineschulter (ohne Schwarte), 50 g durchwachsener Speck, 1 große Zwiebel, 2 Knoblauchzehen, 375 ml (3/8 l) Fleischbrühe, Salz, Pfeffer, 1 EL gehackte Thymianblättchen, 300 g Pfifferlinge, 1 EL Speisestärke, 4 EL Wasser

Das Fleisch unter fließendem kaltem Wasser abspülen, trockentupfen und in große Würfel schneiden. Das fette Fleisch sehr fein kleinschneiden. Speck in Würfel schneiden, mit dem kleingeschnittenen, fetten Schweinefleisch auslassen. Die Speckwürfel aus dem Fett nehmen, beiseite stellen. Zwiebel und Knoblauchzehen abziehen, feinwürfeln. Das Speckfett erhitzen. Die Fleischwürfel von allen Seiten darin braun braten lassen. Die Zwiebel- und Knoblauchwürfel hinzufügen und mitbräunen lassen. Die Fleischbrühe hinzufügen, mit Salz und Pfeffer würzen. Die gehackten Thymianblättchen unterrühren. Das Fleisch 50-60 Minuten schmoren lassen. Pfifferlinge putzen, abspülen, abtropfen lassen. Kleine Pilze ganz lassen, große halbieren und zu dem Fleisch geben. Etwa 15 Minuten mitschmoren lassen. Speisestärke mit dem kalten Wasser anrühren. Die Schmorflüssigkeit damit binden. Die Speckwürfel hinzufügen, erhitzen, den Schweinepfeffer mit Salz und Pfeffer abschmecken.

Schweinefilet auf Schnippelbohnen

600 g Grüne Bohnen, 1 Gemüsezwiebel, 2 EL Butter, 500 ml (1/2 l) Kalbsfond, 1 Lorbeerblatt, 2 Nelken, 1 Bund Bohnenkraut, 200 g geräuchertes Schweinefilet, (beim Metzger vorbestellen), 2 EL Crème fraîche, 4 EL Altbier, Salz, frisch gemahlener Pfeffer

Von den Bohnen die Enden abschneiden. Die Bohnen evtl. abfädeln, waschen, in kleine schräge Scheiben schnippeln. Zwiebel abziehen, kleinschneiden, in der Butter glasig dünsten und mit dem Kalbsfond auffüllen. Lorbeerblatt, Nelken und die Hälfte des Bohnenkrautes dazugeben.
5-10 Minuten köcheln lassen. Die Gewürze aus dem Sud nehmen. Die Bohnen dazugeben und das Fleisch darauf legen. 20 Minuten auf kleiner Flamme garen lassen.
Die Brühe passieren, auf 250 ml (1/4 l) einkochen lassen. Crème fraîche zugeben, aufkochen lassen, mit Bier, Salz und Pfeffer abschmecken. Die Bohnen auf einer vorgewärmten Platte mit dem schräg aufgeschnittenen Fleisch anrichten. Das restliche Bohnenkraut kleinschneiden und das Fleisch damit bestreuen. Die Sauce um das Fleisch gießen.
Tip: Dazu Salzkartoffeln und ein Glas Bier servieren.

Schweinerücken im Wirsingkleid

1 1/4 kg Stielkotelett am Stück, 3 EL Speiseöl, Salz, frisch gemahlener Pfeffer, 2 Knoblauchzehen, 10 mittelgroße Wirsingblätter, kochendes Salzwasser, geriebene Muskatnuß, 1 EL Speiseöl, 3 Tomaten, 1 große Zwiebel, 125 ml (1/8 l) Weißwein, 6 Scheiben durchwachsener Speck

Die Knochen von dem Fleisch lösen. Das Fleisch unter fließendem kaltem Wasser abspülen, trockentupfen. Öl in einer Kasserolle erhitzen. Das Fleisch von allen Seiten darin anbraten, herausnehmen und mit Salz, Pfeffer würzen. Die Knoblauchzehen abziehen, durchpressen und das Fleisch damit bestreichen. Die Wirsingblätter abspülen, in das kochende Salzwasser geben, zum Kochen bringen, etwa 2 Minuten kochen, dann abtropfen lassen. Das dickere Stielende etwas flach schneiden. Die Blätter schuppenförmig zu einem Rechteck in der Größe des Fleischstücks übereinanderlegen und mit Salz, Pfeffer und Muskatnuß bestreuen. Das Fleisch darauf legen, einwickeln, mit Küchengarn umwickeln, in die Kasserolle legen und von allen Seiten anbraten. Evtl. noch 1 Eßlöffel Speiseöl hinzugeben. Die Tomaten kurze Zeit in kochendes Wasser legen, nicht kochen lassen, in kaltem Wasser abschrecken, enthäuten. Die Stengelansätze herausschneiden, die Tomaten halbieren und in Würfel schneiden. Die Zwiebel abziehen und würfeln. Tomaten- und Zwiebelwürfel zu dem Wirsingfleisch geben, kurze Zeit mitdünsten lassen. Weißwein hinzugießen und das Fleisch mit dem Speck belegen. Die Kasserolle mit dem Deckel bedecken, auf dem Rost im vorgeheizten Backofen bei 220-240 °C (Heißluft 200-220 °C) etwa 55 Minuten garen. Das gare Fleisch im Wirsingkleid in Scheiben schneiden und anrichten.

Lamm-Wirsing-Topf

(Foto)

500 g Lammfleich, 3 EL Öl, Salz, Pfeffer, 1/2 TL Kümmel, 3 Zwiebeln, 1 kg Wirsing, 250 g Möhren, 500 ml (1/2 l) Fleischbrühe

Lammfleisch unter fließendem kaltem Wasser abspülen, in Würfel schneiden. Das Öl erhitzen und die Fleischwürfel hineingeben, mit Salz, Pfeffer und Kümmel würzen und rundherum anbraten. Zwiebeln abziehen, fein würfeln, zu dem Fleisch geben und glasig werden lassen. In der Zwischenzeit den Wirsing von schlechten Blättern befreien, Wirsing halbieren und den Strunk herausschneiden. Die Wirsingblätter waschen und in Streifen schneiden. Die Möhren putzen, schälen, waschen und in Scheiben schneiden. Den Wirsing zum Fleisch geben. Mit Fleischbrühe auffüllen, nach 30 Minuten die Möhrenscheiben hinzugeben und weitere 15 Minuten garen.

Ente mit Äpfeln und Backpflaumen

Für die Füllung:
125 g entsteinte Backpflaumen,
250 ml (1/4 l) Rotwein,
2 mürbe Äpfel (unbehandelt)

1 küchenfertige Ente (etwa 2 kg), Salz,
frisch gemahlener Pfeffer, heißes Wasser,
4 mürbe Äpfel, kaltes Salzwasser,
250 ml (1/4 l) Rotwein, etwas Weizenmehl, kaltes Wasser

Backpflaumen in Rotwein etwa 1 Stunde einweichen. Äpfel waschen, vierteln, entkernen, aber nicht schälen. Die Backpflaumen aus dem Rotwein nehmen. 8 Pflaumen zurücklassen, die restlichen Pflaumen mit den Apfelvierteln mischen, den Rotwein aufbewahren. Die Ente unter fließendem kaltem Wasser abspülen, trockentupfen, innen mit Salz und Pfeffer würzen. Die Füllung in die Ente geben. Die Ente mit Küchengarn zunähen oder mit Holzstäbchen zustecken, mit dem Rücken nach unten auf den Rost auf eine mit kaltem Wasser ausgespülte Fettfangschale legen. Auf der unteren Schiene in den Backofen schieben und bei 220-220 °C (Heißluft 180-200 °C) etwa 1 3/4 Stunde braten. Während des Bratens ab und zu unterhalb der Flügel und Keulen in die Ente stechen, damit das Fett besser ausbraten kann. Nach 30 Minuten Bratzeit das Fett abschöpfen. Sobald der Bratensatz bräunt, etwas von dem zurückgelassenen Rotwein und etwas heißes Wasser hinzugießen. Die Ente ab und zu mit dem Bratensatz begießen. Die verdampfte Flüssigkeit nach und nach durch heißes Wasser ersetzen. Äpfel waschen, das Kerngehäuse ausstechen, die obere Apfelkappe abschneiden. Je 2 Backpflaumen darauflegen, mit den Äpfeln 10 Minuten vor Beendigung der Bratzeit zu der Ente geben. Die Ente mit kaltem Salzwasser bestreichen. Die Hitze höher stellen, damit die Haut kroß wird. Die gare Ente vom Küchengarn (Holzstäbchen) befreien. Auf einer vorgewärmten Platte anrichten. Die Äpfel dazugeben, warm stellen. Den Bratensatz mit Rotwein loskochen, durch ein Sieb gießen. Nach Belieben Weizenmehl mit kaltem Wasser anrühren und den aufgefüllten Bratensatz damit binden. Die Sauce mit Salz und Pfeffer abschmecken.
Tip: Dazu Maronen und Salzkartoffeln servieren.

Gans

1 küchenfertige Gans (etwa 4 kg), Salz,
frisch gemahlener Pfeffer, Wasser,
2 TL Speisestärke, 1 EL kaltes Wasser

Die Gans unter fließendem kaltem Wasser abspülen, trockentupfen, innen und außen mit Salz und Pfeffer würzen. Die Gans mit der Brust nach oben in den gewässerten

Tontopf legen, mit dem Deckel verschließen, in den Backofen stellen und bei 200-220 °C (Heißluft 180-200 °C) 2¾ Stunde garen. Während des Garens das austretende Fett abschöpfen. Die gare Gans in Portionsstücke schneiden. Auf einer vorgewärmten Platte anrichten, warm stellen. Den Bratensatz entfetten, mit Wasser auf 250 ml (¼ l) auffüllen. Speisestärke mit dem kalten Wasser anrühren. Den Bratensatz damit binden. Die Sauce mit Salz und Pfeffer abschmecken. Tip: Dazu Rotkohl und Kartoffeln reichen.

Gebratene Hähnchenschenkel

4 Hähnchenschenkel, Salz, frisch gemahlener Pfeffer, Paprika edelsüß, Speiseöl

Hähnchenschenkel unter fließendem kaltem Wasser abspülen, trockentupfen und mit Salz, Pfeffer, Paprika bestreuen. Öl in einer Pfanne erhitzen, die Hähnchenschenkel in etwa 30 Minuten gar braten. Tip: Auf diese Weise kann man auch alle anderen Geflügelteile zubereiten.
Als Beilage eignen sich viele Gemüsesorten, z. B. Rotkohl, Wirsing oder Spargel.

Huhn mit Perlgraupen

1 küchenfertiges Suppenhuhn (etwa 1¼ kg) mit Magen, Herz und Hals, 1½ l kochendes Salzwasser, 1 Bund Suppengrün, 250 g Perlgraupen, Salz, 2 EL Butter, gehackte Petersilie

Das Suppenhuhn unter fließendem kaltem Wasser abspülen, in dem Salzwasser zum Kochen bringen. Suppengrün putzen, waschen und sehr fein schneiden. Magen, Herz und Hals unter fließendem kaltem Wasser abspülen, trockentupfen, mit dem Suppengrün zu dem Huhn geben, zum Kochen bringen, kochen lassen, nach etwa 1 Stunde Kochzeit die gewaschenen Perlgraupen zu dem Huhn geben, mit Salz würzen. Wieder alles zum Kochen bringen. Huhn und Perlgraupen nochmals ½ Stunde gar kochen lassen und während des Kochens ab und zu umrühren. Huhn, Herz, Magen, Hals mit einem Schaumlöffel aus der Brühe nehmen. Das Huhn von Haut und Knochen befreien. Das Fleisch in Stücke schneiden. Butter erhitzen, das Hühnerfleisch darin braun braten. Die Perlgraupen mit Salz abschmecken, in die Mitte einer tiefen, runden Platte geben. Das Fleisch darauf anrichten, mit dem Bratensatz begießen, mit gehackter Petersilie bestreuen. Tip: Dazu einen gemischten Salat reichen.

Gulasch

(Foto)

500 g schieres Rindfleisch (ohne Knochen), 30 g Pflanzenfett, 500 g Zwiebeln, Salz, frisch gemahlener Pfeffer, Paprika edelsüß, 2 schwach gehäufte EL Tomatenmark, 500 g heißes Wasser, 120 g gedünstete Champignons

Das Fleisch unter fließendem kaltem Wasser abspülen, trockentupfen, in Würfel schneiden. Das Fett erhitzen, das Fleisch von allen Seiten gut darin anbraten. Die Zwiebeln abziehen, halbieren, in Scheiben schneiden, mitbräunen lassen. Das Fleisch mit Salz, Pfeffer, Paprika würzen und das Tomatenmark hinzufügen. Das heiße Wasser hinzugießen und das Fleisch in 1 - 1 1/2 Stunden gar schmoren lassen. Champignons hinzufügen, miterhitzen. Das Gulasch mit Salz, Pfeffer, Paprika abschmecken.

Tip: Dazu **Ofenkartoffeln** reichen.

Für die Ofenkartoffeln 12 mittelgroße, festkochende Kartoffeln unter fließendem Wasser abbürsten. In jede Kartoffel der Länge nach ein Loch bohren. 80 g durchwachsenen Speck in Streifen schneiden und in die Löcher schieben. Die Kartoffeln mit 1 Eßlöffel Speiseöl einreiben, in eine Auflaufform setzen und in dem vorgeheizten Backofen bei etwa 250 °C (Heißluft 220 °C) etwa 70 Minuten backen.

Schweinefilet auf marinierten Steckrüben

1 kg Steckrüben, 4 EL flüssiger Honig, 6 EL milde Sojasauce, 2 TL Essig-Essenz (25%), 500 g Schweinefilet, 50 g Butterschmalz, 2 Msp. Fleischextrakt, Salz, frisch gemahlener Pfeffer

Steckrüben schälen, waschen, vierteln, zuerst in dünne Scheiben, dann in Stifte schneiden. Honig, Sojasauce und Essig in einem Topf zerlassen. Die Steckrüben unter öfterem Wenden 30 Minuten ziehen lassen. Das Fleisch unter fließendem kaltem Wasser abspülen, trockentupfen. Butterschmalz in einer Pfanne erhitzen, Fleisch darin rundherum anbraten und herausnehmen. Steckrüben in die Pfanne geben, 3-4 Eßlöffel Wasser dazugeben, mit Fleischextrakt, Salz und Pfeffer würzen und 15 Minuten schmoren lassen. Das Filet salzen und pfeffern, zwischen das Gemüse legen, mit dem Gemüsesud beträufeln und 10 Minuten mitgaren. Das Fleisch herausnehmen, in Alufolie wickeln und 10 Minuten ruhen lassen. Das Gemüse inzwischen weitergaren. Zum Schluß mit Salz und frisch gemahlenem Pfeffer abschmecken. Das Fleisch in Scheiben schneiden und auf dem Steckrübengemüse anrichten.

Tip: Dazu Pellkartoffeln servieren.

Jungschweinerücken in Pumpernickelkruste

600 g Schweinerücken, Salz, frisch gemahlener Pfeffer, 3 EL Speiseöl, 1 Zwiebel, 1 Möhre, 1 Lorbeerblatt, 6 Wacholderbeeren, 125 ml (1/8 l) Rinderfond, 100 g Pumpernickel, 50 g Frischkäse, 20 g geriebener alter Gouda, 2 Eigelb, 125 ml (1/8 l) Altbier, 2 EL Crème fraîche

Schweinerücken unter fließendem kaltem Wasser abspülen, trockentupfen, mit Salz und Pfeffer würzen und in dem Öl anbraten. Zwiebel abziehen, Möhre schälen, waschen, würfeln. Zwiebel, Möhre, Lorbeerblatt und zerdrückte Wacholderbeeren zu dem Fleisch geben. Mit dem Fond ablöschen, in den Backofen schieben und 60 Minuten bei etwa 180 °C (Heißluft etwa 160 °C) schmoren, dabei mehrmals begießen. Pumpernickel im Mixer zerbröseln, mit Frischkäse, Gouda und Eigelb verrühren, kalt stellen. Den Braten fingerdick mit der Masse bestreichen. Etwa 12 Minuten bei 220 °C überbacken. Den Bratensatz mit Altbier ablöschen, durchsieben und mit Crème fraîche verfeinern.

Tip: Statt Altbier können Sie auch helles Bier verwenden.

Schweinebraten mit Kräuterkruste

1 kg Schweinefleisch mit Schwarte, Salz, frisch gemahlener Pfeffer, gerebelter Thymian, gerebelter Salbei, gerebelter Rosmarin, 250 ml (1/4 l) Bier, 250 ml (1/4 l) Wasser, 2 EL Weizenmehl, 3 EL kaltes Wasser

Fleisch unter fließendem kaltem Wasser abspülen, trockentupfen. Die Schwarte gitterartig einschneiden. Das Fleisch mit Salz, Pfeffer, Thymian, Salbei, Rosmarin einreiben. Das Fleisch mit der Schwarte nach oben in einen mit Wasser ausgespülten Bratentopf legen. Auf dem Rost in den vorgeheizten Backofen schieben und bei 180-200 °C (Heißluft 160-180 °C) 1 3/4-2 Stunden braten. Sobald der Bratensatz bräunt, etwas Bier und Wasser hinzugießen. Das Fleisch ab und zu mit dem Bratensatz begießen. Verdampfte Flüssigkeit nach und nach ersetzen. Das gare Fleisch in Scheiben schneiden. Auf einer vorgewärmten Platte anrichten, warm stellen. Den Bratensatz mit Wasser loskochen, durch ein Sieb gießen. Nach Belieben mit Wasser auf 500 ml (1/2 l) auffüllen. Weizenmehl mit dem kalten Wasser anrühren. Den aufgefüllten Bratensatz damit binden. Die Sauce mit Salz und Pfeffer abschmecken.

Schweinenieren mit Schinken

500 g Schweinenieren, 500 ml (1/2 l) Milch, 80 g durchwachsener Speck, 1 Zwiebel, 120 g Champignons (Dose), 100 g gekochter Schinken, 1 kleiner Apfel, 50 g Butter oder Margarine, Salz, frisch gemahlener Pfeffer, 1 Msp. gemahlener Salbei, 1 Msp. gemahlener Rosmarin, 125 ml (1/8 l) Schlagsahne, 1 EL gehackte Petersilie

Die Nieren aufschneiden, von den Röhren befreien und unter fließendem Wasser abspülen, trockentupfen. Die Nieren mit Milch übergießen, 1 Stunde darin liegenlassen, trockentupfen und in Scheiben schneiden. Speck in Streifen schneiden. Die Zwiebel abziehen, fein würfeln. Champignons abtropfen lassen, die Pilzflüssigkeit auffangen. Den gekochten Schinken in Streifen schneiden. Apfel schälen, vierteln, entkernen, in feine Scheiben schneiden. Butter oder Margarine erhitzen, die Nierenscheiben darin von jeder Seite etwa 3 Minuten braten, mit Salz und Pfeffer bestreuen, warm stellen. Speckstreifen, Zwiebelwürfel in dem Bratfett unter Wenden 2 Minuten bräunen. Pilze, Schinkenstreifen, Apfelscheiben hinzufügen und mit Pfeffer, Salbei und Rosmarin würzen. Die Zutaten 3 Minuten braten, auf die Nierenscheiben geben, warm stellen. Den Bratensatz mit der Pilzflüssigkeit loskochen, Sahne hinzufügen, die Flüssigkeit etwas einkochen lassen, über die angerichteten Nieren geben, mit der gehackten Petersilie bestreuen.

Schweinerücken in Altbiersauce

700 g Kotelettstrang (mit Knochen), Salz, frisch gemahlener Pfeffer, 1 TL gemahlener Kümmel, 2 Zwiebeln, 1 Knoblauchzehe, 2 Möhren, 100 g Sellerie, 330 ml Altbier, 330 ml Malzbier, 160 g kalte Butter

Die Knochen vom Fleisch lösen und kleinhacken. Das Fleisch unter fließendem kaltem Wasser abspülen, trockentupfen, mit Salz, Pfeffer und Kümmel würzen. Zwiebeln, Knoblauch abziehen und würfeln. Möhren und Sellerie waschen, schälen, kleinschneiden. Den Boden eines Bräters mit Wasser bedecken. Das Fleisch hineinlegen, Knochen und Gemüse dazugeben. Den Topf in den auf etwa 200 °C vorgeheizten Backofen (Heißluft etwa 180 °C) schieben und das Fleisch 50-60 Minuten braten. Währenddessen das Fleisch mehrmals mit dem Bier begießen. Das Fleisch herausnehmen und warm stellen. Für die Sauce die Knochen, Gemüse und Bratensaft durch ein Sieb geben. Die kalte Butter nach und nach in Stückchen unterschlagen, bis die Sauce sämig ist.
Tip: Als Beilage z. B. Wirsing mit Speck und Petersilienkartoffeln reichen.

Geschmorte Rinderhaxe

(Foto)

4 Scheiben Rinderhaxe (Beinscheibe, etwa 1,2 kg), Salz, frisch gemahlener Pfeffer, Rosmarin, 2 Bund Suppengrün, 3-4 Zwiebeln, 1-2 Knoblauchzehen, 2 Lorbeerblätter, 125 ml (1/8 l) Fleischbrühe, 125 ml (1/8 l) Weißwein, 375 g Champignons

Von der Rinderhaxe das Mark auslösen, kurze Zeit in kaltes Wasser legen, trockentupfen und in Scheiben schneiden. In einem Bratentopf auslassen. Die Rinderhaxenscheiben unter fließendem kaltem Wasser abspülen, trockentupfen, mit Salz, Pfeffer und Rosmarin bestreuen. In dem ausgelassenen Mark von beiden Seiten anbraten, dann herausnehmen. Das Suppengrün putzen, waschen, kleinschneiden. Zwiebeln abziehen, würfeln, Knoblauchzehen abziehen, zerdrücken. Beide Zutaten mit dem Suppengrün in den Bratentopf geben und andünsten. Die Fleischscheiben, Lorbeerblätter, Fleischbrühe und Weißwein hinzufügen. Das Fleisch im geschlossenen Topf in etwa 3 Stunden gar schmoren. Die Champignons putzen, waschen, vierteln, etwa 30 Minuten vor Beendigung der Schmorzeit zu dem Fleisch geben, mit Salz und Pfeffer würzen.

Tip: Als Beilage Blattsalat oder Gurkensalat sowie Petersilienkartoffeln reichen.

Kalbfleischragout

600 g Kalbfleisch, 500 ml (1/2 l) Salzwasser, 30 g Butter, 1 Zwiebel, 40 g Weizenmehl, 500 ml (1/2 l) Fleischbrühe, 1 TL Kapern, Salz, frisch gemahlener Pfeffer, Zitronensaft, Weißwein, Zucker

Das Kalbfleisch unter fließendem kaltem Wasser abspülen, trockentupfen, in etwa 2 cm dicke Scheiben schneiden. Das Salzwasser zum Kochen bringen, die Fleischscheiben hineingeben, wieder zum Kochen bringen, in etwa 30 Minuten gar kochen lassen. Das Fleisch aus der Brühe nehmen, in Würfel schneiden. 500 ml (1/2 l) von der Brühe abmessen, eventuell mit Wasser auffüllen. Für die Sauce die Butter erhitzen, die Zwiebel abziehen, fein würfeln, in dem Fett andünsten. Das Mehl unter Rühren so lange darin erhitzen, bis es hellgelb ist. Die Fleischbrühe hinzugießen, mit einem Schneebesen durchschlagen, darauf achten, daß keine Klumpen entstehen. Die Sauce zum Kochen bringen, etwas 5 Minuten kochen lassen. Die Kapern hinzufügen, die Sauce mit Salz und Pfeffer würzen und mit Zitronensaft, Weißwein und Zucker abschmecken. Das Fleisch wieder hineingeben.

Tip: Dazu Salzkartoffeln und Endiviensalat reichen.

Leberwurst

(Foto)

750 g Rinderleber, 2 Zwiebeln, 1 kg Hackfleisch (halb Rind-, halb Schweinefleisch), 2 leicht gehäufte EL Pökelsalz, geriebene Muskatnuß, frisch gemahlener Pfeffer, gerebelter Oregano, gerebeltes Basilikum, gerebelter Thymian

Rinderleber unter fließendem kaltem Wasser abspülen, trockentupfen, in Würfel schneiden. Zwiebeln abziehen, halbieren, beide Zutaten durch die mittlere Scheibe des Fleischwolfes drehen. Das Hackfleisch mit der Rinderleber-Zwiebel-Masse, Pökelsalz, Muskatnuß, Pfeffer, Oregano, Basilikum, Thymian vermengen und in sieben vorbereitete Einkochgläser von je 250 ml ($1/4$ l) Inhalt füllen und die Gläser verschließen. Die Gläser mit nassem Pergamentpapier abdecken, im Backofen bei 180 °C (Heißluft 160 °C) etwa $1\,1/2$ Stunden einkochen.

Einkochregeln:

Für das Einkochen im Backofen die Einkochgläser vor dem Gebrauch gründlich mit heißem Wasser unter Zusatz eines handelsüblichen Spülmittels spülen, in klarem Wasser nachspülen. Die Gläser, auf ein Tuch gestülpt, ablaufen lassen. Die Einkochringe (brüchige oder beschädigte Ringe nicht verwenden) einige Minuten in klarem Wasser kochen lassen, sie dann bis zur Verwendung in frisches Wasser legen. Die Gläser etwa zu $3/4$ mit der Fleischmasse füllen. Gummiring und Deckel naß auf den gesäuberten Glasrand legen. Wenn die Einkochgläser mit Bügeln oder Federn verschlossen werden, darauf achten, daß die Gummiringe sich nicht verschieben. Um die Wärme im Backofen richtig ausnutzen zu können, jeweils 6-8 Gläser von gleicher Größe und mit gleichem Inhalt (oder verschiedenem Inhalt, aber gleicher Einkochzeit), ohne daß sie sich berühren, in die 1 cm hoch mit Wasser gefüllte Fettfangschale stellen. Die Gläser mit einer Schicht nassem Papier bedecken und die Fettfangschale so weit wie möglich nach unten in den Backofen schieben.

Sauerfleisch

2 kg Bauchfleisch, 1 l Wasser, 2 Lorbeerblätter, 5 Nelken, 10 Pfefferkörner, 2 leicht gehäufte EL Pökelsalz, 2 abgezogene Zwiebeln, 250 ml ($1/4$ l) Kräuteressig, Salz

Das Bauchfleisch unter fließendem kaltem Wasser abspülen, trockentupfen, vom Knochen lösen. Die Knochen mit Wasser, Lorbeerblättern, Nelken, Pfefferkörnern, Pökelsalz und Zwiebeln zum Kochen bringen, etwa 45 Minuten kochen lassen. Anschließend alles durch ein Sieb geben. Den Kräuteressig zu dem Sud geben, mit Salz abschmecken. Das Fleisch in größere Stücke schneiden,

(Fortsetzung Seite 76)

in 4 vorbereitete Einkochgläser (je 1/2 l Inhalt) füllen, mit der Fleischbrühe auffüllen. Die Fettfangschale des Backofens 1 cm hoch mit Wasser füllen. Die Gläser verschließen, mit nassem Pergamentpapier abdecken. In den Backofen schieben und bei etwa 180 °C etwa 2 Stunden einkochen lassen. (Die Einkochregeln auf Seite 74 beachten.)

Fleischwurstsalat

400 g Fleischwurst, 1 große Zwiebel, 1/2 Stange Porree (Lauch), 2 Äpfel 4 EL Salatöl, 3 EL Essig, Salz, frisch gemahlener Pfeffer, geriebener Meerrettich (aus dem Glas), 1 EL feingeschnittener Schnittlauch, gewaschene Salatblätter, Tomatenachtel, Petersilie

Die Fleischwurst enthäuten, in Streifen schneiden. Zwiebel abziehen, halbieren, in Scheiben schneiden. Porree putzen, waschen, in Ringe schneiden. Die Äpfel waschen, nach Belieben schälen, vierteln, entkernen, in kleine Stücke schneiden. Für die Salatsauce Öl mit Essig, Salz, Pfeffer verschlagen, mit Meerrettich abschmecken. Die Sauce mit den Salatzutaten vermengen, Schnittlauch unterrühren. Den Salat gut durchziehen lassen, evtl. nochmals mit Salz, Pfeffer, Meerrettich abschmecken. Den Fleischsalat auf den Salatblättern anrichten und mit Tomatenachteln und Petersilie garnieren.

Kalbsbraten

1 kg Kalbfleisch (aus der Keule ohne Knochen), Salz, frisch gemahlener Pfeffer, 3 EL Speiseöl, 2 Zwiebeln, 2 Möhren, heißes Wasser, 25 g Weizenmehl, 1 Becher (150 g) Crème fraîche

Das Fleisch unter fließendem kaltem Wasser abspülen, trockentupfen, eventuell enthäuten. Das Fleisch mit Salz und Pfeffer würzen. Das Öl in einem Bratentopf erhitzen und das Fleisch von allen Seiten gut anbraten. Die Zwiebeln abziehen, die Möhren schälen und waschen. Beide Zutaten kleinschneiden, mit etwas heißem Wasser zu dem Fleisch geben. Den Topf auf dem Rost in den vorgeheizten Backofen schieben und bei 200-220 °C (Heißluft 180-200 °C) etwa 2 1/2 Stunden braten lassen. Das Fleisch ab und zu mit dem Bratensatz begießen, verdampfte Flüssigkeit nach und nach durch heißes Wasser ersetzen. Das gare Fleisch vor dem Schneiden 10 Minuten „ruhen" lassen, damit sich der Fleischsaft setzt. Das Fleisch in Scheiben schneiden, auf einer vorgewärmten Platte anrichten. Den Bratensatz mit etwas Wasser loskochen, durch ein Sieb gießen, mit Wasser auf 500 ml (1/2 l) auffüllen, auf dem Herd zum Kochen bringen. Mehl mit Crème fraîche verrühren. Die Flüssigkeit damit binden, die Sauce mit Salz und Pfeffer abschmecken.
Tip: Dazu frischen Spargel und Petersilienkartoffeln servieren.

Pfeffersülze

3 kg Schweinenacken oder Schweineschulter, 3 EL Pökelsalz, 10 Lorbeerblätter, 1 EL Pimentkörner, 1 EL Wacholderbeeren, 2 EL schwarze Pfefferkörner, Salz, 500 ml (1/2 l) Weinessig, 3 Päckchen gemahlene Gelatine, weiß, 9 EL kaltes Wasser, 100 g grüne Pfefferkörner, frisch gemahlener Pfeffer, Weinessig

Das Fleisch unter fließendem kaltem Wasser abspülen, trockentupfen, mit Pökelsalz bestreuen. Zugedeckt etwa 24 Stunden an einem kühlen Ort stehenlassen, ab und zu wenden. Mit der sich bildenden Flüssigkeit übergießen. Das Fleisch unter fließendem kaltem Wasser abspülen, in einen hohen Kochtopf geben. Lorbeerblätter, Pimentkörner, Wacholderbeeren, Pfefferkörner und Salz dazugeben, mit so viel Wasser auffüllen, daß das Fleisch bedeckt ist. Die Hälfte des Weinessigs hinzugießen, zum Kochen bringen, abschäumen und 1 1/2 Stunden kochen lassen. Das Fleisch in Würfel schneiden, in die 6-8 vorbereiteten Einkochgläser füllen. Die Brühe durch ein Tuch gießen, den restlichen Essig dazugeben, 1 1/2 l von der Flüssigkeit abmessen (evtl. mit Wasser auffüllen) und zum Kochen bringen. Die Gelatine mit dem kaltem Wasser anrühren, 10 Minuten quellen lassen, in die von der Kochstelle genommene Brühe geben.
So lange rühren, bis sie gelöst ist. Pfefferkörner hinzufügen, mit Salz, Pfeffer und Weinessig kräftig abschmecken, über das Fleisch gießen. Die Gläser verschließen und 45 Minuten bei 98 °C einkochen.
(Die Einkochregeln von Seite 74 beachten.)

Eisbeinsülze

2 kg Eisbein, 3 Zwiebeln, 1 l Wasser, 2 leicht gehäufte EL Pökelsalz, 2 Lorbeerblätter, 5 Pfefferkörner, 5 Wacholderbeeren, 125 ml (1/8 l) Kräuteressig

Das Eisbein unter fließendem kaltem Wasser abspülen, trockentupfen und das Fleisch vom Knochen lösen. Zwiebeln abziehen und halbieren. Eisbein, Zwiebeln und Knochen im Wasser mit Pökelsalz, Lorbeerblättern, Pfefferkörnern und Wacholderbeeren zum Kochen bringen, etwa 1 Stunde kochen lassen. Das Fleisch herausnehmen, in kleine Würfel schneiden, in 8 vorbereitete Einkochgläser zu 250 ml (1/4 l) füllen. Die Brühe durch ein Sieb geben, den Kräuteressig hinzufügen. Die Brühe in die Gläser geben, die Gläser verschließen. Die Fettfangschale des Backofens 1 cm hoch mit Wasser füllen und die Gläser hineinstellen. Die Gläser mit feuchtem Pergamentpapier abdecken, im Backofen bei etwa 180 °C (Heißluft etwa 160 °C) etwa 1 1/2 Stunden einkochen.
(Die Einkochregeln Seite 74 beachten.)

Bauernsülze

(Foto)

4 kg Schweinefleisch (Spitzbein, Eisbein, Kopffleisch, Schulter, Nacken), 10 Lorbeerblätter, 3 EL Wacholderbeeren, 2 EL schwarze Pfefferkörner, 10 Nelken, 2 EL Pimentkörner, 4 abgezogene Zwiebeln, Salz, 1 l Weinessig

Für die Remouladen-Sauce:
2 hartgekochte Eier, 1 rohes Eigelb, Salz, 125 ml (1/8 l) Speiseöl, 2 EL Essig oder Zitronensaft, 1 schwach gehäufter TL Senf, 1 EL Kapern, 1 Gewürzgurke, 2 EL gehackte Kräuter (Petersilie, Schnittlauch, Dill), Pfeffer, Zucker

Das Fleisch unter fließendem kaltem Wasser abspülen, mit Lorbeerblättern, Wacholderbeeren, Pfefferkörnern, Nelken, Pimentkörnern, Zwiebeln und Salz in einen hohen Topf geben, mit soviel Wasser auffüllen, daß das Fleisch bedeckt ist.
Die Hälfte von dem Weinessig hinzugießen, zum Kochen bringen, abschäumen und 1 1/2 Stunden kochen lassen. Das Fleisch von den Knochen lösen, Schwarten und Fett abschneiden, zusammen mit den Knochen nochmals in die Brühe geben. Die Brühe kräfig mit Salz abschmecken, aufkochen lassen, durch ein Tuch gießen, mit dem restlichen Essig und nach Belieben kräftig mit Salz abschmecken. Das Fleisch in Würfel schneiden, in die vorbereiteten, länglichen Jenaglasformen oder Einkochgläser füllen, die Brühe darübergießen.
Einkochzeit: etwa 45 Minuten bei 98 °C.
(Die Einkochregeln von Seite 74 beachten.)
Für die Remouladensauce die hartgekochten Eier pellen. Das Eigelb durch ein Sieb streichen und das rohe Eigelb mit dem Salz unterziehen. Dann tropfenweise die Hälfte von dem Speiseöl hinzufügen. Ist die Masse steif genug, Essig oder Zitronensaft und Senf hinzufügen. Dann erst den Rest des Öls dazugeben. Die Kapern fein hacken und die Gewürzgurke fein würfeln. Die gehackten Kräuter zu der Mayonnaise geben, mit Pfeffer und Zucker würzen, nochmals mit den Gewürzen abschmecken.

Mett im Glas

5 Zwiebeln, 1,5 kg gewürztes Schweinemett, 1 EL Pökelsalz, geschroteter Pfeffer

Zwiebeln abziehen, in kleine Würfel schneiden. Das Mett mit Pökelsalz und Pfeffer vermengen, in 6 vorbereitete Einkochgläser von je 250 ml (1/4 l) Inhalt füllen. Die Fettfangschale des Backofens 1 cm hoch mit Wasser füllen. Die Gläser verschließen, in das Wasser stellen und mit nassem Papier bedecken. Die Fettfangschale in die unterste Schiene des Backofens schieben und bei etwa 180 °C (Heißluft etwa 160°C) etwa 1 1/2 Stunden einkochen.
(Die Einkochregeln von Seite 74 beachten.)

Gefüllte Schweinerippe

250 g entsteinte, getrocknete Pflaumen, 250 g Äpfel, 40 g Semmelbrösel, 20 g Zucker, Salz, 1 kg Schweinerippe (dickes Stück mit Knochen, vom Metzger eine Tasche hineingeschnitten), frisch gemahlener Pfeffer, heißes Wasser, etwas Weizenmehl, kaltes Wasser

Pflaumen etwa 12 Stunden in kaltem Wasser einweichen, gut abtropfen lassen. Äpfel schälen, vierteln, entkernen, in Scheiben schneiden. Pflaumen, Semmelbrösel, Zucker und Salz vermengen. Das Fleisch unter fließendem kaltem Wasser abspülen, trockentupfen, innen und außen mit Salz und Pfeffer einreiben. Die Füllung in die Tasche geben, zunähen oder mit Holzstäbchen zusammenhalten. Die Schweinerippe in eine mit Wasser ausgespülte Fettfangschale legen, in den vorgeheizten Backofen schieben und bei 200-220 °C (Heißluft 180-200 °C) 1 3/4 Stunde garen. Sobald der Bratensatz bräunt, etwas heißes Wasser hinzugießen. Das Fleisch ab und zu mit dem Bratensatz begießen. Verdampfte Flüssigkeit nach und nach durch heißes Wasser ersetzen. Das gare Fleisch von den Fäden (Holzstäbchen) befreien und 10 Minuten ruhen lassen, damit sich der Fleischsaft setzt. Das Fleisch in Portionsstücke schneiden, mit der Füllung auf einer vorgewärmten Platte anrichten. Den Bratensatz mit etwas Wasser loskochen, durch ein Sieb gießen, mit Wasser auf 500 ml (1/2 l) auffüllen, zum Kochen bringen. Mehl mit kaltem Wasser verrühren und die Sauce damit binden.

Frikadellen

1 altbackenes Brötchen, 2 mittelgroße Zwiebeln, 600 g Hackfleisch (halb Rind-, halb Schweinefleisch), 1 Ei, Salz, frisch gemahlener Pfeffer, Paprika edelsüß, 50 g Pflanzenfett

Das Brötchen etwa 10 Minuten in kaltem Wasser einweichen. Zwiebeln abziehen und fein würfeln. Das Hackfleisch mit dem gut ausgedrückten Brötchen, den Zwiebelwürfeln und dem Ei vermengen. Die Masse mit Salz, Pfeffer und Paprika würzen.
Aus der Masse mit nassen Händen Frikadellen formen. Das Fett erhitzen und die Frikadellen von beiden Seiten etwa 10 Minuten darin braten.
Tip: Dazu Stampfkartoffeln und Jägerkohl servieren.

Pfefferpotthast

750 g Rindfleisch, 50 g Schweineschmalz, 500 g Zwiebeln, 1 l Fleischbrühe, Salz, weißer Pfeffer, 1 Bund Suppengrün, 2-3 EL geriebenes Schwarzbrot

Das Fleisch unter fließendem kaltem Wasser abspülen, trockentupfen, in Würfel schneiden. Schweineschmalz in einem Topf erhitzen und das Fleisch darin anbraten. Zwiebeln abziehen, würfeln, hinzufügen und durchschmoren lassen. Fleischbrühe hinzugießen, mit Salz und Pfeffer würzen. Suppengrün putzen, waschen, in feine Streifen schneiden, hinzufügen und etwa 1 1/2 Stunden garen lassen. Das geriebene Schwarzbrot unterrühren und mit Salz und Pfeffer nochmals abschmecken.

Sauerkraut mit Eisbein

1 1/2 kg Eisbein, 250 ml (1/4 l) Salzwasser, 750 g Sauerkraut, 1 Zwiebel, 1 Lorbeerblatt, 3 Gewürznelken, 1 mittelgroße Kartoffel, Salz, frisch gemahlener weißer Pfeffer, Zucker

Eisbein unter fließendem kaltem Wasser abspülen, in das Salzwasser geben, zum Kochen bringen und etwa 1 1/2 Stunden kochen lassen. Das Sauerkraut locker zupfen. Die Zwiebel abziehen und beide Zutaten mit dem Lorbeerblatt und den Gewürznelken in die Brühe zu dem Eisbein geben, zum Kochen bringen und noch etwa 1 Stunde kochen lassen. Die Kartoffel schälen, waschen, reiben und zu dem Sauerkraut geben. Alles gut aufkochen lassen, damit das Sauerkraut sämig wird. Das Sauerkraut mit Salz, Pfeffer und Zucker abschmecken.

Pannhas

3 Zwiebeln, 100 g fetter Speck, 1 1/2 l Fleischbrühe, 750 g Leber- und/oder Blutwurst (ohne Haut), Salz, frisch gemahlener Pfeffer, 1/2 TL gemahlene Nelken, gerebelter Majoran, 500 g Buchweizenmehl, Pflanzenfett

Zwiebeln abziehen, fein würfeln. Speck in Würfel schneiden, auslassen und die Zwiebelwürfel darin andünsten. Fleischbrühe hinzugießen, Leber- oder Blutwurst hinzugeben. Die Brühe zum Kochen bringen, kurz aufkochen lassen. Die Masse mit Salz, Pfeffer, Nelken und Majoran abschmecken. Buchweizenmehl unter ständigem Rühren hinzufügen, zum Kochen bringen und etwa 10 Minuten kochen, dann bei schwacher Hitzezufuhr in etwa 30 Minuten ausquellen lassen. Den Wurstteig in Schüsseln füllen, glattstreichen und erkalten lassen. Dann in Scheiben schneiden und von beiden Seiten in erhitztem Fett bräunen lassen.

Westfalen ist ein Paradies für Jäger. Die offene Parklandschaft ist das ideale Revier für den Fasan. Feld und Flur sind das gehegte und gepflegte Reich der Hasen und Kaninchen. In den Wäldern des Sauer- und Siegerlandes tummeln sich Rehe und Hirsche. Wie zu besten Fürstenzeiten, ist das Wildschwein nicht nur ein eingezäuntes Ausflugsziel, sondern so frei und gegenwärtig, daß es mitunter für viel Ärger sorgt. Kein Wunder, daß Wild jeder Art selbstverständlicher Bestandteil der Speisekarten ist. Kleine Gasthäuser und feine Restaurants eifern um die besten Rezepturen. Was in Töpfen und Pfannen kocht und brät, muß sich vor keinem weitgereisten Feinschmecker verbergen. Im Gegenteil, es hat sich schon so mancher überzeugen lassen, daß Wild zwischen Ems und Weser durchaus kulinarisch zivilisiert auf Platten und Tellern erscheint.

Hasenkeulen

4 Hasenkeulen (1,5 kg), Salz, frisch gemahlener Pfeffer, 10 zerdrückte Wacholderbeeren, 50 g Butter, 3 mittelgroße Zwiebeln, 1 Lorbeerblatt, 6 Pimentkörner, 500 ml (1/2 l) heißes Wasser, etwas Weizenmehl, kaltes Wasser

Die Hasenkeulen unter fließendem kaltem Wasser abspülen, trockentupfen, enthäuten. Mit Salz, Pfeffer, Wacholderbeeren einreiben. Butter in einem Bräter erhitzen und die Keulen von allen Seiten gut anbraten. Zwiebeln abziehen, kleinschneiden, mit dem Lorbeerblatt und den Pimentkörnern hinzufügen, kurz miterhitzen und etwas von dem heißen Wasser hinzugießen. Die Keulen in den vorgeheizten Backofen schieben und bei etwa 220 °C (Heißluft 200 °C) etwa 1 1/2 Stunden schmoren lassen. Von Zeit zu Zeit die Keulen wenden. Die verdampfte Flüssigkeit nach und nach ersetzen. Die garen Keulen auf einer vorgewärmten Platte anrichten und warm stellen. Den Bratensatz durch ein Sieb gießen. Nach Belieben etwas Weizenmehl mit kaltem Wasser anrühren und den Bratensatz damit binden. Die Sauce mit Salz und Pfeffer abschmecken und über die Hasenkeulen verteilen.

Tip: Dazu Rotkohl servieren.

Hasenbraten

1 küchenfertiger Hase (2 kg), Salz, frisch gemahlener Pfeffer, Rosmarinblättchen, 50 g weiche Butter, 125 g fette Speckscheiben, 1 Zwiebel, 1 Möhre, 1 Lorbeerblatt, 10 zerdrückte Wacholderbeeren, 5 Pimentkörner, 250 ml (1/4 l) heißes Wasser, 1 Becher (150 g) saure Sahne, 5 EL Schlagsahne, etwas Speisestärke, etwas kaltes Wasser

Den Hasen unter fließendem kaltem Wasser abspülen, trockentupfen, enthäuten. Keulen und Läufe vom Rücken trennen. Das Fleisch mit Salz und Pfeffer einreiben, mit Rosmarin bestreuen und mit der weichen Butter bestreichen. Die Hälfte der Speckscheiben in eine mit Wasser ausgespülte Rostbratpfanne legen. Die Keulen und Läufe hineingeben und mit den Speckscheiben bedecken. Einige Speckscheiben für den Rücken zurücklassen. Zwiebel abziehen, Möhre schälen, waschen und beide Zutaten kleinschneiden. Lorbeerblatt, Wacholderbeeren, Pimentkörner hinzufügen, in den vorgeheizten Backofen schieben und bei etwa 220 °C (Heißluft etwa 200 °C) etwa 1 1/2 Stunden braten lassen. Den Rücken erst nach 15 Minuten Bratzeit dazulegen. Sobald der Bratensatz bräunt, etwas von dem heißen Wasser hinzugießen. Das Fleisch ab und zu mit dem Bratensatz begießen. Die verdampfte Flüssigkeit nach und nach ersetzen. Die saure Sahne mit der

Schlagsahne verrühren. 10 Minuten vor Beendigung der Bratzeit den Hasen damit begießen. Das gare Fleisch auf einer vorgewärmten Platte anrichten und warm stellen. Den Bratensatz mit Wasser loskochen, durch ein Sieb gießen, nach Belieben mit Wasser auffüllen und auf der Kochstelle zum Kochen bringen. Speisestärke mit dem kalten Wasser anrühren, den Bratensatz damit binden. Die Sauce mit Salz und Pfeffer abschmecken.
Tip: Rosenkohl und Kartoffeln dazu reichen.

Hasenrückenfilets im Wirsingkleid

3 Hasenrücken, 200 g Geflügelbrust ohne Haut, 6 große Wirsingblätter, 10 zerdrückte Wacholderbeeren, 1 Thymianzweig, 1 abgezogene Knoblauchzehe, 1 Lorbeerblatt, 100 g Crème double, 100 g Champignons, 1 Schalotte, 2 Knoblauchzehen, 100 g kalte Butter, 6 Schweinenetze, 500 ml (1/2 l) Wildfond, 125 ml (1/8 l) Orangensaft, 100 g Hagebuttenmark oder -gelee, 1 TL Wacholderbeeren

Hasenrücken und Geflügelbrust unter fließendem kaltem Wasser abspülen, trockentupfen. Die Hasenrückenfilets enthäuten und die Filets herauslösen. Die Geflügelbrust in Würfel schneiden. Wirsingblätter blanchieren und den Strunk herausschneiden. Geflügelwürfel, Kräuter und Gewürze in den Mixer geben, Crème double unterheben und die Masse kalt stellen. Die Pilze putzen und kleinschneiden. Schalotte und Knoblauchzehen abziehen, fein würfeln und in der Hälfte der Butter dünsten. Die Pilze kurz bei starker Hitze anschmoren, das Fett abgießen, dann kalt stellen.
Die kalten Pilze unter die Masse mengen. Wirsingblätter 1/2 cm dick damit bestreichen und die Hasenrückenfilets darauf legen und einwickeln. Die Wirsingrollen auf das Schweinenetz legen, darin einwickeln, auf ein gefettetes Backblech legen, in den vorgeheizten Backofen geben und bei etwa 180 °C (Heißluft etwa 160 °C) 20-25 Minuten garen. Den Wildfond mit Orangensaft, Hagebuttenmark oder -gelee und Wacholderbeeren etwas einkochen. Den Fond passieren, mit der restlichen kalten Butter aufschlagen. Das Hasenrückenfilet im Wirsingkleid in Scheiben schneiden und auf Tellern anrichten.
Tip: Die Schweinenetze beim Metzger vorbestellen. Sie halten die Farce um das Fleisch fest und können nachher mitgegessen werden. Als Beilage den restlichen Wirsing waschen, in Streifen schneiden. 50 g Butter zerlassen, die Wirsingstreifen hinzugeben und etwa 1/2 Stunde dünsten lassen.

Hasenpfeffer

2 kg küchenfertiges Hasenklein (Läufe, Keulen, evtl. Bauchlappen), 1 Bund Suppengrün, 2 l Salzwasser, 1 Lorbeerblatt, einige Pimentkörner, etwas Thymian, 40 g Butter, 30 g Weizenmehl, 2 EL Johannisbeergelee, 1 EL Tomatenmark, 2 EL Rotwein, Salz, frisch gemahlener Pfeffer

Das Hasenklein unter fließendem kaltem Wasser abspülen, trockentupfen, in Stücke schneiden. Das Suppengrün putzen, waschen, grob würfeln. Das Salzwasser zum Kochen bringen. Fleisch, Suppengrün, Lorbeerblatt, Pimentkörner, Thymian hineingeben, aufkochen lassen, abschäumen und etwa 1 Stunde köcheln lassen. Das Fleisch aus der Brühe nehmen. Die Brühe durch ein Sieb geben. Das Fleisch von den Knochen lösen, in kleine Stücke schneiden. Für die Sauce die Butter in einem Topf zerlassen. Das Mehl hineingeben und so lange erhitzen, bis es mittelgelb ist. 500 ml (1/2 l) Brühe hinzugießen, durchschlagen und die Sauce zum Kochen bringen. Die Fleischstückchen in die Sauce geben und 5 Minuten köcheln lassen. Mit Johannisbeergelee, Tomatenmark, Rotwein, Salz und Pfeffer abschmecken.

Tip: Dazu Kartoffelklöße, Preiselbeeren oder Apfelmus reichen.

Bauernkaninchen

(Foto)

1 küchenfertiges Kaninchen, (etwa 1 1/2 kg), Salz, Pfeffer, 100 g Butter, 1 Lorbeerblatt, Thymian, 2 abgezogene Knoblauchzehen, 125-250 ml (1/8 - 1/4 l) Fleischbrühe, 2 mittelgroße Zwiebeln, 3 Möhren, 5 mittelgroße Tomaten, 100 g durchwachsener Speck, 1 gehäufter EL Weizenmehl, Zucker, 1-2 EL Tomatenmark, 1 EL gehackte Petersilie

Das Kaninchen unter fließendem kaltem Wasser abspülen, trockentupfen, enthäuten, vom Fett befreien, in Portionsstücke schneiden, mit Salz und Pfeffer einreiben. 75 g Butter erhitzen, das Fleisch von allen Seiten darin anbraten. Lorbeerblatt, Thymian und Knoblauchzehen zu dem Fleisch geben, mit etwas von der Brühe auffüllen, etwa 60 Minuten schmoren lassen. Nach und nach die Fleischbrühe hinzugeben. Die Zwiebeln abziehen und würfeln. Die Möhren schälen, waschen, in Scheiben schneiden. Die Tomaten enthäuten, Stengelansätze entfernen, in Scheiben schneiden. Den Speck in Würfel schneiden, auslassen, den Rest der Butter dazugeben, das Gemüse darin andünsten. Das Mehl darüberstäuben und verrühren, 20 Minuten vor Beendigung der Garzeit zu dem Kaninchen geben und weiterschmoren. Das Gericht mit Salz, Pfeffer, Zucker und Tomatenmark abschmecken, mit Petersilie bestreuen.

Kaninchen mit Linsen

1 Kaninchen (2 kg), Salz, Pfeffer, Weizenmehl, 3 EL Sonnenblumenöl, 2 Zwiebeln, 5 Knoblauchzehen, 2 Bund Petersilie, 1 Zweig Thymian, 2 Lorbeerblätter, 3 Wacholderbeeren, 5 Pfefferkörner, 125 ml (1/8 l) Rotwein, 125 ml (1/8 l) Wildfond, 500 g Tomaten, 200 g Frühlingszwiebeln, 100 g Egerlinge, 1 EL Butter, 400 g rote Linsen, 2 EL Tomatenmark, 500 ml (1/2 l) Wasser, Kräuteressig

Das Kaninchen unter fließendem kaltem Wasser abspülen, trockentupfen, enthäuten, in Stücke teilen, mit Salz und Pfeffer würzen, in Weizenmehl wenden und in Öl anbraten. Zwiebeln und Knoblauchzehen abziehen, fein würfeln. Petersilie und Thymian abspülen, trockentupfen, die Blätter von den Stengeln zupfen, fein hacken und einen Eßlöffel beiseite stellen. Knoblauch, Zwiebeln, Kräuter, Lorbeerblätter, Wacholderbeeren und Pfefferkörner hinzufügen, mit Rotwein ablöschen und einkochen lassen. Wildfond hinzugießen, den Bräter in den vorgeheizten Backofen schieben und bei etwa 180 °C (Heißluft etwa 160 °C) etwa 50 Minuten garen lassen. Den Bräter nach dem Backen noch etwa 45 Minuten im Ofen stehenlassen. Das Kaninchen herausnehmen, warm stellen und den Fond durchsieben. Für das Linsengemüse die Tomaten waschen, enthäuten, Stengelansätze herausschneiden und die Tomaten vierteln. Frühlingszwiebeln putzen, waschen, fein schneiden. Egerlinge putzen, waschen und mit den Zwiebelwürfeln in Butter anbraten. Linsen einweichen, das Einweichwasser abschöpfen und die Linsen zu dem übrigen Gemüse geben. Tomatenmark und die restliche Petersilie mit dem Kaninchenfond und dem Wasser auffüllen und mit Salz, Pfeffer, Kräuteressig abschmecken. Etwa 20 Minuten dünsten lassen. Kaninchenteile auf das Gemüse legen und nochmals 15 Minuten durchziehen lassen.

Fasanenbrust auf Linsen

300 g Linsen, 4 Fasanenbrustfilets, Salz, Pfeffer, 2 Schalotten, 30 g Sellerie, 1/2 Stange Porree (Lauch), 1 Möhre, 100 g Butter, 500 ml (1/2 l) Wasser, 4 EL Crème fraîche, 1 EL Essig, 2 EL gehackte Petersilie

Linsen über Nacht einweichen und abgießen. Die Filets unter fließendem kaltem Wasser abspülen, trockentupfen, salzen und pfeffern. Schalotten abziehen, fein würfeln. Sellerie, Porree, Möhre schälen, waschen, würfeln und in der Hälfte der Butter mit den Schalottenwürfeln andünsten. Linsen in das Wasser geben und 25 Minuten dünsten. Crème fraîche unterrühren, mit Essig, Pfeffer, Salz würzen und mit Petersilie bestreuen. Die Fasanenfilets in der restlichen Butter braten, 5 Minuten ruhen lassen und auf dem Gemüse anrichten.

Rehgulasch

500-750 g Rehfleisch, 50 g fetter Speck, 2 Zwiebeln, 2 EL Sonnenblumenöl, 1 Lorbeerblatt, 3 Nelken, 5 zerdrückte Wacholderbeeren, 250 ml (1/4 l) beißer Wildfond, 250 ml (1/4 l) Rotwein, 250 g Champignons, 50 g Pumpernickel, 1-2 EL Johannisbeergelee, Salz, frisch gemahlener Pfeffer, Paprika edelsüß

Das Rehfleisch unter fließendem kaltem Wasser abspülen, enthäuten, in Würfel schneiden und etwa 3 Stunden lang in kaltes Wasser legen, dann trockentupfen. Speck in Würfel schneiden. Zwiebeln abziehen und würfeln. Das Öl erhitzen und das Fleisch von allen Seiten gut anbraten. Die Speck- und Zwiebelwürfel hinzugeben und mitbräunen lassen. Lorbeerblatt, Nelken, Wacholderbeeren hinzufügen. Wildfond und die Hälfte des Rotweins hinzugießen, das Fleisch schmoren lassen. Champignons putzen, waschen, in Scheiben schneiden und etwa 15 Minuten vor Beendigung der Garzeit zu dem Fleisch geben. Den Pumpernickel zerkrümeln, in dem restlichen Rotwein einweichen, unter das Gulasch rühren und nach Belieben mit Johannisbeergelee abschmecken. Das Rehgulasch mit Salz, Pfeffer und Paprika würzen.
Tip: Dazu Rotkohl und Salzkartoffeln servieren.

Rehkeule

2-3 kg Rehkeule, 1 l Buttermilch, Salz, geschroteter schwarzer Pfeffer, 3 EL Butterschmalz, 2 Thymianzweige, 8 Wacholderbeeren, etwas beißes Wasser, 125 ml (1/8 l) Rotwein, 125 ml (1/8 l) Schlagsahne, 2-3 EL Weinbrand

Die Rehkeule unter fließendem kaltem Wasser abspülen, trockentupfen, enthäuten, in eine große Schüssel legen. Mit soviel Buttermilch übergießen, daß das Fleisch bedeckt ist. Etwa 2 Tage an einem kühlen Ort stehenlassen. Die Keule ab und zu wenden. Dann herausnehmen und trockentupfen. Mit Salz und Pfeffer bestreuen. Das Butterschmalz erhitzen, das Fleisch darin von allen Seiten anbraten. Thymianzweige abspülen und mit den Wacholderbeeren hinzufügen. Den Bratentopf zugedeckt in den vorgeheizten Backofen schieben, bei etwa 220 °C (Heißluft 200 °C) 2-2 1/2 Stunden garen. Sobald der Bratensatz zu bräunen beginnt, etwas heißes Wasser hinzugießen. Das Fleisch ab und zu mit dem Bratensatz begießen. Die verdampfte Flüssigkeit durch Rotwein ersetzen. Das gare Fleisch in Scheiben schneiden, warm stellen. Den Bratensatz mit der Schlagsahne und dem Weinbrand loskochen, mit Salz und Pfeffer würzen. Die Sauce über das Fleisch geben.

Rehrücken

1 1/2 kg Rehrücken, Salz, frisch gemahlener Pfeffer, gemahlener Koriander, 125 g fette Speckscheiben, 2 mittelgroße Zwiebeln, 5 zerdrückte Wacholderbeeren, 10 Pfefferkörner, heißes Wasser, 1 Becher (150 g) saure Sahne, etwas Weizenmehl, kaltes Wasser

Den Rehrücken unter fließendem kaltem Wasser abspülen, trockentupfen und enthäuten. Das Fleisch mit Salz, Pfeffer, Koriander, Speckscheiben in eine mit Wasser ausgespülte Rostbratpfanne legen. Den Rehrücken mit einigen Speckscheiben bedecken. Zwiebeln abziehen, vierteln und mit den Wacholderbeeren und Pfefferkörnern hinzugeben. Den Braten in den vorgeheizten Backofen schieben und bei 200-220 °C (Heißluft 180-200 °C) 35-40 Minuten braten. Sobald der Bratensatz zu bräunen beginnt, etwas heißes Wasser hinzugießen. Das Fleisch ab und zu mit dem Bratensatz begießen. Verdampfte Flüssigkeit nach und nach mit dem heißen Wasser ersetzen. Saure Sahne verrühren und 10 Minuten vor Beendigung der Bratzeit den Rehrücken damit begießen. Das gare Fleisch vom Knochen lösen, in Scheiben schneiden, wieder auf das Knochengerüst legen. Auf einer vorgewärmten Platte anrichten, warm stellen. Den Bratensatz mit Wasser loskochen, durch ein Sieb gießen. Nach Belieben Weizenmehl mit Wasser anrühren. Den Bratensatz damit binden, mit Salz und Pfeffer abschmecken.
Tip: Dazu mit Preiselbeeren gefüllte Birnen und Kartoffeln servieren.

Fasan vom Grillspieß mit Bratäpfeln

(Foto)

2 küchenfertige Fasane (je etwa 1 kg), Salz, Zwiebelpulver, 6-8 zerdrückte Wacholderbeeren, 4 Äpfel, Butter, 4 EL Preiselbeerkompott, glatte Petersilie, Weintrauben

Fasane unter fließendem kaltem Wasser abspülen, trockentupfen. Innen mit Salz und Zwiebelpulver einreiben. In die Fasane die Wacholderbeeren geben. Die Fasane hintereinander auf den Grillspieß stecken, in den vorgeheizten Grill setzen und etwa 45 Minuten grillen. Für die Bratäpfel die Äpfel waschen, abtrocknen. Von jedem Apfel einen Deckel abschneiden. Die Äpfel in eine flache, mit Butter ausgefettete Auflaufform setzen und in den Backofen schieben. Die garen Fasane mit den Äpfeln auf einer Platte anrichten. Auf jeden Apfel einen Eßlöffel Preiselbeerkompott geben. Petersilie und Weintrauben waschen, trockentupfen und die Fasane damit dekorieren.

Hirschragout

800 g Hirschfleisch (ohne Knochen), 2 EL Portwein, 75 g durchwachsener Speck, 30 g Butter, 1 mittelgroße Zwiebel, Salz, frisch gemahlener Pfeffer, 4 Wacholderbeeren, 3 Gewürznelken, 2 Messerspitzen Thymian, 250 ml (1/4 l) heißes Wasser oder Wildfond, 250 g Champignons, 250 ml (1/4 l) heißes Wasser, 2 EL Johannisbeergelee, 50 g kalte Butter

Das Hirschfleisch unter fließendem kaltem Wasser abspülen, trockentupfen, enthäuten und in Würfel schneiden. Mit Portwein begießen und einige Stunden kühl stellen. Speck in kleine Würfel schneiden. Die Butter zerlassen und die Speckwürfel darin auslassen. Das Fleisch hinzufügen und von allen Seiten gut darin anbraten. Zwiebel abziehen, würfeln, hinzufügen und mitbräunen lassen. Salz, Pfeffer, Wacholderbeeren, Gewürznelken, Thymian, heißes Wasser oder Wildfond hinzugeben und das Fleisch darin in etwa 2 Stunden gar schmoren lassen. Die verdampfte Flüssigkeit nach und nach durch heißes Wasser oder Wildfond ersetzen. Champignons putzen, waschen und etwa 10 Minuten vor Beendigung der Schmorzeit mit dem heißen Wasser zu dem Ragout geben. Das Johannisbeergelee unterrühren, das Ragout mit der kalten Butter binden und mit Salz abschmecken.
Tip: Dazu Rotkohl oder Rosenkohl mit Salzkartoffeln reichen.

Hirschkeule

2 kg Hirschkeule, 250 g fetter Speck, frisch gemahlener Pfeffer, Salz, gerebelter Salbei, 1 Bund Suppengrün, heißes Wasser, 1 Eichblattsalat, Preiselbeeren (aus dem Glas)

Hirschkeule unter fließendem kaltem Wasser abspülen, trockentupfen und enthäuten. Speck in Streifen schneiden, 150 g davon mit Pfeffer bestreuen. Die Hirschkeule mit Salz, Pfeffer und Salbei würzen und die Speckscheiben um die Hirschkeule legen und mit Küchengarn festbinden. Den restlichen Speck in einen Bräter geben, die Hirschkeule darauf legen. Das Suppengrün putzen, abspülen, kleinschneiden und zu dem Fleisch geben. Den Bräter in den vorgeheizten Backofen schieben und bei etwa 220 °C (Heißluft 200 °C) etwa 2-2 1/2 Stunden braten. Sobald der Bratensatz bräunt, je nach Bedarf, heißes Wasser hinzugeben. Nach dem Ende der Bratzeit das Küchengarn entfernen. Die gare Hirschkeule erkalten lassen und in Scheiben schneiden. Salat abspülen, trockenschleudern, mit dem Fleisch und den Preiselbeeren garnieren.
Tip: Wenn Sie keinen Eichblattsalat im Handel bekommen können, verwenden Sie Feldsalat.

Wildschweinkeule

1 kg Wildschweinkeule (ohne Knochen), Salz, frisch gemahlener Pfeffer, 3 große Zwiebeln, 6 EL Speiseöl, 3 EL Tomatenmark, 700 ml Rotwein, 10 zerdrückte Wacholderbeeren, 20 Perlzwiebeln, 4 Scheiben durchwachsener Speck

Die Wildschweinkeule unter fließendem kaltem Wasser abspülen, trockentupfen, enthäuten, in etwa 3 cm große Würfel schneiden, mit Salz und Pfeffer würzen. Die Zwiebeln abziehen und würfeln. Das Öl erhitzen und das Fleisch darin von allen Seiten anbraten. Zwiebeln dazugeben und glasig dünsten. Das Tomatenmark unterrühren, den Rotwein angießen und die Wacholderbeeren hinzufügen. Das Ragout etwa 45 Minuten schmoren lassen. In den letzten 10 Minuten die abgetropften Perlzwiebeln mitschmoren lassen. Das Ragout nochmal mit Salz und Pfeffer abschmecken. Den Speck in feine Streifen schneiden, in einer Pfanne knusprig braten und über das Wildragout geben.
Tip: Dazu **Kartoffelklöße** reichen. Dafür 750 g Kartoffeln waschen, in Wasser zum Kochen bringen, in 25 Minuten gar kochen, abgießen, pellen und sofort durch die Kartoffelpresse geben, bis zum nächsten Tag kalt stellen. Unter die Kartoffelmasse 50 g Semmelbrösel, 20 g Weizenmehl, 2 Eier unterkneten, den Teig mit Salz und geriebener Muskatnuß würzen. Aus dem Teig 12 Klöße formen. Die Klöße in kochendes Salzwasser geben, zum Kochen bringen, in 20-25 Minuten gar ziehen lassen.

Wildente mit Mischobst

250 g Mischobst, 500 ml (1/2 l) Wasser, etwas gerebelter Rosmarin, 2 küchenfertige Wildenten je 800 g, Salz, frisch gemahlener Pfeffer, 30 g Butter, 100 g Pumpernickel, 125 ml (1/8 l) Fleischbrühe

Das Mischobst abspülen und in dem Wasser etwa 3 Stunden einweichen. Die Flüssigkeit abgießen und auffangen. Rosmarin unter das Mischobst geben. Die Wildenten unter fließendem kaltem Wasser abspülen, trockentupfen, die Mischobstfüllung hineingeben und mit Zahnstochern zustecken.
Die Enten außen mit Salz und Pfeffer bestreuen. Butter in einer Pfanne erhitzen und die Enten darin von allen Seiten gut anbraten. Nach und nach etwas von der Einweichflüssigkeit zugießen und die Enten 1 1/2 Stunden braten. Den Pumpernickel zerbröseln und 15 Minuten vor Beendigung der Bratzeit in den Bratenfond geben.
Die garen Enten aus der Pfanne nehmen, 10 Minuten ruhen lassen. Die Füllung aus den Enten nehmen. Die Enten in Portionsstücke zerteilen und mit der Füllung anrichten. Die Sauce mit der Fleischbrühe loskochen, pürieren, mit Salz und Pfeffer abschmecken und zu den Enten servieren.

Es gab Zeiten, da gehörten Lachs, Forelle, Hecht, Stör, Aal und Karpfen neben Tante Ännes Brathering und Mias freitäglichen Matjesfilets zum westfälischen Speiseplan. Der gedankenlose Umgang mit der Umwelt hat leider einen bitteren Tribut verlangt, Teiche, Weiher und Flüsse fast leblos werden zu lassen. Die Westfalen haben sich gerade noch rechtzeitig besonnen, halfen der Natur, sich zu regenerieren. Die Anstrengung hat sich gelohnt. Neben vielen kleineren Flüssen ist auch die Ems wieder sauber, sind dort wie anderswo erneut Karpfen und Aal zu Hause. Und so manche Forelle, die in den vergangenen Jahren nur aus einem Zuchtteich stammen konnte, kommt nun wieder frisch aus dem munter sprudelnden Bach. Aus dem, was Hobby- und Profiköchen ins Netz geht, läßt sich erstaunliches zubereiten.

Salzheringe in Sahnesauce

(Foto Seite 94/95)

4 Salzheringe, 4-5 Zwiebeln, 2 mittelgroße Gewürzgurken, 375 ml (3/8 l) Schlagsahne, 1 EL Essig-Essenz (25%), 1 TL Senfkörner, 1/2 TL Pfefferkörner, 1/2 TL Wacholderbeeren, 1-2 Lorbeerblätter

Heringe gründlich säubern und etwa 24 Stunden wässern, dabei das Wasser ab und zu erneuern. Heringe unter fließendem kaltem Wasser abspülen. Köpfe abschneiden und die innere schwarze Haut abziehen. Heringe unter fließendem, kaltem Wasser abspülen, entgräten, nach Belieben enthäuten. Für die Sahnesauce Zwiebeln abziehen. Zwiebeln und Gewürzgurken in Scheiben schneiden, mit Schlagsahne, Essig-Essenz und Gewürzen verrühren. Heringe in Sahnesauce legen und etwa 24 Stunden darin marinieren.

Tip: Dazu Pellkartoffeln und Grünen Salat servieren. Für den **Grünen Salat** 1 Kopf Blattsalat putzen, waschen und abtropfen lassen. Große Blätter etwas zerpflücken. Für die Marinade 1 Teelöffel Speiseöl mit 1 Eßlöffel Weinessig, 2-3 Eßlöffel Mineralwasser und 1 Teelöffel Senf verrühren. 1/2 kleine Zwiebel abziehen, in feine Würfel schneiden. 2 Eßlöffel gemischte, gehackte Kräuter in die Marinade rühren. Mit Pfeffer und Salz würzen. Vor dem Verzehr den Salat mit der Marinade vermengen.

Forellen im Weinsud

(Foto)

1 mittelgroße Zwiebel, 1 Stange Porree (Lauch), 2 Stangen Staudensellerie, 2 Möhren, 50 g Butter, 125 ml (1/8 l) heiße Gemüsebrühe, 125 ml (1/8 l) Weißwein, 2 EL Zitronensaft, Salz, frisch gemahlener Pfeffer, etwas Zucker, 2 küchenfertige Forellen (je etwa 300 g), einige Zweige Petersilie und Dill, Estragon, 40 g Butterflocken

Die Zwiebel abziehen und fein würfeln. Porree putzen, waschen, in Streifen schneiden. Staudensellerie putzen, die harten Fäden an der Außenseite der Stengel abziehen. Die Stengel waschen, abtropfen lassen, in dünne Scheiben schneiden. Möhren putzen, schälen, waschen, in dünne Streifen schneiden. Die Butter in einem Topf zerlassen, das Gemüse darin anschwitzen, mit der Brühe angießen und 6-8 Minuten garen. Den Wein und Zitronensaft hinzufügen, aufkochen lassen, mit Salz, Pfeffer, Zucker abschmecken und alles in eine Auflaufform geben. Die Forellen unter fließendem kaltem Wasser abspülen, trockentupfen. Die Forellen mit den abgespülten Kräutern füllen, mit Salz und Pfeffer bestreuen. Die Fische auf das Gemüse legen, mit den Butterflocken belegen und in der geschlossenen Auflaufform bei etwa 180 °C (Heißluft etwa 160 °C) 20-25 Minuten im Backofen garen.

Herings-Quark-Topf

(Foto)

6 Matjesfilets, 1 rote Zwiebel, 2 Äpfel, 1 Packung (250 g) Speisequark, 125 ml (1/8 l) Schlagsahne, Salz, frisch gemahlener Pfeffer, Zitronensaft, 1 Zweig Dill

Die Matjesfilets einige Zeit wässern, trockentupfen, in mundgerechte Stücke schneiden. Die Zwiebel abziehen, in Scheiben schneiden, in Ringe teilen. Äpfel schälen, vierteln, entkernen und in Stücke schneiden. Den Speisequark gut verrühren, die Sahne steif schlagen und unter den Quark rühren. Matjesstückchen, Zwiebelringe und Apfelscheiben vorsichtig unter die Quark-Sahne-Masse mengen. Mit Salz, Pfeffer, Zitronensaft würzen und einige Zeit kühl stellen. Dill abspülen, trockentupfen und den Herings-Quark-Topf damit garnieren.
Tip: Dazu Pellkartoffeln und Butter servieren.

Grüne Heringe in Kräuterbutter

4 küchenfertige grüne Heringe, 4 EL Zitronensaft, Salz, 100 g Kräuterbutter, Weizenmehl

Heringe unter fließendem kaltem Wasser abspülen, trockentupfen, mit Zitronensaft beträufeln, etwa 15 Minuten ziehen lassen. Innen und außen mit Salz einreiben. Die Hälfte der Kräuterbutter erhitzen, die Heringe innen und außen damit bestreichen. Mit Weizenmehl bestäuben, unter den vorgeheizten Grill schieben. 10-15 Minuten grillen. Dabei nach der Hälfte der Zeit einmal wenden. Die restliche Kräuterbutter erhitzen und die Fische vor dem Servieren damit begießen.
Tip: Folienkartoffen und Salat dazu reichen.

Heringssalat

250 g Kartoffeln, 250 g Rote Bete, 250 g Äpfel, 250 g Gewürzgurken, 250 g Matjesfilets, 1 Zwiebel, 1/4 TL Salz, 1 TL Senf, 1/2 TL Zucker, 2 EL Apfelessig, 5 EL Schlagsahne, 1 hartgekochtes Ei, 1 Stengel Petersilie

Kartoffeln waschen, etwa 20 Minuten kochen und pellen. Rote Bete mit Schale etwa 1 Stunde kochen, pellen. Äpfel schälen, vierteln, das Kerngehäuse entfernen. Kartoffeln, Rote Bete, Äpfel, Gewürzgurken und Matjesfilets würfeln. Zwiebel schälen, fein schneiden, mit Salz bestreuen und 10 Minuten stehenlassen. Anschließend mit Senf, Zucker und Essig verrühren. Sahne unterrühren, vorsichtig mit den Zutaten vermengen. Am besten über Nacht durchziehen lassen. Das Ei pellen und in Scheiben schneiden. Die Petersilie abspülen, trockentupfen. Den Heringssalat mit den Eischeiben und der Petersilie garnieren.

Aal in Petersiliensauce

500 g küchenfertiger, enthäuteter Flußaal, 1 Bund Suppengrün, 1 Lorbeerblatt, 5 weiße Pfefferkörner, 2-3 Zitronenscheiben (unbehandelt), 500 ml (1/2 l) Salzwasser, 40 g Butter, 35 g Weizenmehl, 1 Becher (150 g) Crème fraîche, 3-4 EL gehackte Petersilie, Salz, frisch gemahlener Pfeffer

Aal unter fließendem kaltem Wasser abspülen, trockentupfen, in 5-6 cm lange Stücke schneiden. Suppengrün putzen, waschen, kleinschneiden. Lorbeerblatt, Pfefferkörner, Zitronenscheiben in das Salzwasser geben, zum Kochen bringen, 5 Minuten kochen lassen. Die Aalstücke hinzufügen, zum Kochen bringen, etwa 10 Minuten darin ziehen lassen. Die Aalstücke mit einem Schaumlöffel herausnehmen, in eine vorgewärmte Schüssel geben, warm stellen. Für die Petersiliensauce die Fischbrühe durch ein Sieb gießen, 500 ml (1/2 l) davon abmessen, evtl. mit Wasser auffüllen. Butter zerlassen, das Weizenmehl unter Rühren so lange darin erhitzen, bis es hellgelb ist. Die Fischbrühe hinzugießen, mit einem Schneebesen durchschlagen, darauf achten, daß keine Klumpen entstehen, zum Kochen bringen, etwa 10 Minuten köcheln lassen. Crème fraîche, gehackte Petersilie unterrühren. Die Sauce mit Salz, Pfeffer abschmecken, über die Aalstücke gießen.

Aal auf ländliche Art

400 g küchenfertiger, enthäuteter Flußaal, 2 EL Zitronensaft, Salz, frisch gemahlener Pfeffer, Weizenmehl, 50 g Butter, 125 ml (1/8 l) heißes Wasser, 125 ml (1/8 l) Weißwein

Für die Sauce:
60 g Champignons (Dose), 1 schwach gehäufter EL Speisestärke, 125 ml (1/8 l) Schlagsahne, Salz, frisch gemahlener Pfeffer, Paprika edelsüß, Zucker, 4 hartgekochte Eier, Tomatenachtel, gehackte Petersilie

Aal unter fließendem kaltem Wasser abspülen, trockentupfen, entgräten, in 4-5 cm große Stücke schneiden. Zitronensaft darübergeben, etwa 15 Minuten stehenlassen. Aalstücke mit Salz und Pfeffer würzen, in Weizenmehl wenden. Butter zerlassen, die Fischstücke 3-5 Minuten darin anbraten. Wasser und Weißwein hinzugießen. Den Fisch etwa 15 Minuten schmoren lassen, auf eine vorgewärmten Platte geben, warm stellen. Die Fischbrühe durch ein Sieb gießen und auffangen. Für die Sauce die Champignons abtropfen lassen und die Champignonflüssigkeit auffangen. Speisestärke mit der Champignonflüssigkeit anrühren. Die Fischbrühe damit binden, die Sauce aufkochen lassen und die Champignons hineingeben. Die Sahne steif schla-

gen, unterheben, mit Salz, Pfeffer, Paprika und Zucker abschmecken. Eier pellen, in Scheiben schneiden, als Kranz um die Fischstücke legen. Etwas Sauce darübergießen, die restliche Sauce getrennt dazu reichen. Den Aal mit Tomatenachteln und gehackter Petersilie garnieren.
Tip: Petersilienkartoffeln und einen gemischten Salat dazu reichen.

Forellen, gedünstet

2 küchenfertige Forellen (350-400 g), Salz, 125 ml (1/8 l) Weißwein, 5 EL Wasser, 1 Lorbeerblatt, 6 Pfefferkörner, 2 Gewürznelken, 2 Pimentkörner, 1 Zwiebel, 100 g Butter, 1 Zitrone (unbehandelt)

Die Forellen unter fließendem kaltem Wasser abspülen, trockentupfen, mit Salz bestreuen. Weißwein und Wasser in einem großen, länglichen Topf zum Kochen bringen. Lorbeerblatt, Pfefferkörner, Gewürznelken, Pimentkörner hinzugeben. Zwiebel abziehen, grob würfeln, in den Sud geben. Die Forellen hineingeben, mit geschlossenem Deckel 15-20 Minuten dünsten. Die Butter zerlassen, über die Forellen geben. Die Zitrone in Scheiben schneiden und die Forellen damit garnieren.

Forelle im Speckhemd

4 küchenfertige Forellen (je etwa 175 g), Salz, 100 g durchwachsener Speck, 250 ml (1/4 l) Schlagsahne, frisch gemahlener Pfeffer, Paprika edelsüß, Zucker, 1 TL Speisestärke, 1 EL kaltes Wasser

Forellen unter fließendem kaltem Wasser abspülen, innen und außen mit Salz bestreuen, in einen gewässerten Tontopf legen. Speck in große Stücke schneiden, auf die Forellen legen, den Tontopf mit dem Deckel verschließen, in den vorgeheizten Backofen stellen. Sahne mit Salz, Pfeffer, Paprika und Zucker abschmecken.
Die Forellen bei 200-220 °C (Heißluft 180-190 °C) etwa 45 Minuten garen. Etwa 15 Minuten vor Beendigung der Garzeit die Sahnemischung über die Forellen geben. Die Form ohne Deckel wieder in den Backofen stellen. Die Forellen garen lassen. Nach Belieben Speisestärke mit kaltem Wasser anrühren und die Flüssigkeit damit binden.
Tip: Dazu Petersilienkartoffeln, Feld- oder Tomatensalat servieren.

Eingelegte Bratheringe

(Foto)

1 kg Grüne Heringe, 2 EL Weizenmehl, Salz, 6 EL Speiseöl, 2 mittelgroße Zwiebeln, 1 EL Senfkörner, 8 Pfefferkörner, 250 ml (1/4 l) Essig, 125 ml (1/8 l) Wasser

Heringe entschuppen, Flossen und Köpfe abschneiden, die innere schwarze Haut abziehen. Die Heringe unter fließendem kaltem Wasser abspülen und trockentupfen. Weizenmehl mit dem Salz mischen und die Heringe darin wenden. Speiseöl erhitzen, die Heringe von jeder Seite in 3-4 Minuten darin goldbraun braten lassen. Zwiebeln abziehen, in Scheiben schneiden, mit den Heringen, Senf- und Pfefferkörnern in einen Topf legen. Essig und Wasser darüber geben. Die Heringe können nach 4-6 Tagen gegessen werden.
Tip: Dazu Pellkartoffeln und Gurkensalat reichen. Für den **Gurkensalat** 1 Salatgurke (etwa 500 g) schälen, längs vierteln, in Würfel schneiden. Für die Salatsauce 1-2 Eßlöffel Speiseöl mit 1-2 Eßlöffeln Kräuteressig, 1 Teelöffel scharfem Senf verrühren. Die Marinade mit Zwiebelsalz, Salz, frisch gemahlenem Pfeffer, Zucker und 1 Eßlöffel fein geschnittenem Dill unterrühren, über die Gurkenstücke geben.

Eingelegte Heringe

4 Salzheringe, 2-3 Zwiebeln, 2 Lorbeerblätter, einige Pfefferkörner, 250 ml (1/4 l) Kräuteressig, 125 ml (1/8 l) Wasser, 1 Becher (150 g) Crème fraîche, 1 EL Meerrettich (aus dem Glas), Salz, Zucker

Salzheringe 12-24 Stunden wässern.
Das Wasser ab und zu erneuern, Kopf und Schwanz entfernen. Die Heringe unter fließendem kaltem Wasser abspülen, enthäuten, entgräten, filetieren. Die Zwiebeln abziehen, in Scheiben schneiden.
Die Heringsfilets mit den Zwiebelscheiben, Lorbeerblättern, Pfefferkörnern in eine Porzellan- oder Steingutschüssel schichten. Kräuteressig mit Wasser verrühren, über die Heringsfilets gießen. Etwa 2 Tage darin ziehen lassen. Crème fraîche mit dem Meerrettich verschlagen und mit Salz und Zucker abschmecken. Die Heringsfilets aus der Marinade nehmen. Nach Belieben in Streifen schneiden, bergartig auf einer Platte anrichten. Die Meerrettichsahne darüber verteilen oder getrennt dazu reichen.
Tip: Dazu Feldsalat mit Joghurtsauce und Pellkartoffeln servieren.

Karpfen blau

1 1/4 kg küchenfertiger Karpfen, Salz, 1 geschälte Kartoffel, 500 ml (1/2 l) kochendheißes Essigwasser, 50 g zerlassene Butter

Karpfen unter fließendem kaltem Wasser abspülen, innen mit Salz einreiben, aber nicht von außen salzen, da sonst der Schleim, der die Blaufärbung hervorruft, verletzt wird. Den Karpfen auf dem Rost auf eine geschälte, rohe Kartoffel setzen.
Den Rost auf die Fettfangschale stellen. Mit dem kochenden Essigwasser übergießen. Den Karpfen in eine gefettete, feuerfeste Form setzen. Auf dem Rost in den vorgeheizten Backofen schieben und bei 180-200 °C (Heißluft 160-180 °C) etwa 40-50 Minuten dünsten. Der Karpfen ist gar, wenn sich die Rückenflosse leicht herausziehen läßt. Fünf Minuten vor Beendigung der Dünstzeit den Karpfen mit der zerlassenen Butter übergießen. Damit die Farbe erhalten bleibt, den Karpfen sofort servieren.
Tip: Dazu Salzkartoffeln und Blattsalat servieren.

Lachsfilet mit Schmand

500 g küchenfertiges Lachsfilet, Salz, frisch gemahlener Pfeffer, Butter zum Ausfetten, 500 g Tomaten, 2 Schalotten, 30 g Butter, 1 Becher (200 g) Schmand

Das Lachsfilet unter fließendem kaltem Wasser abspülen, trockentupfen, mit Salz und Pfeffer würzen. Eine flache Auflaufform ausfetten, die Lachsfilets hineinlegen. Die Tomaten kurze Zeit in kochendes Wasser legen, nicht kochen lassen, in kaltem Wasser abschrecken, enthäuten, die Stielansätze herausschneiden. Die Tomaten halbieren und entkernen, in kleine Würfel schneiden. Die Schalotten abziehen, in feine Würfel schneiden. Die Butter in einem Topf zerlassen, die Schalottenwürfel glasig dünsten. Tomatenwürfel und Schmand hinzugeben, erhitzen, mit Salz und Pfeffer abschmecken und über den Lachs geben. Die Form in den vorgeheizten Backofen schieben und bei 200 °C etwa 15 Minuten überbacken.
Tip: Dazu Porreegemüse reichen.
Für das **Porreegemüse** etwa 1 kg Porree putzen. Die Stangen halbieren, waschen, in 6 cm lange Stücke schneiden. 250 ml (1/4 l) Brühe zum Kochen bringen. Die Porreestücke hineingeben, in 5-10 Minuten gar kochen lassen. 75 g Butter zerlassen, den Porree darin schwenken. Mit Salz, geriebener Muskatnuß würzen und mit 1 Eßlöffel gehackter Petersilie bestreuen.

Lachsforelle mit Gemüse

1 küchenfertige Lachsforelle (etwa 1 kg)
2 EL Zitronensaft, 500 ml (1/2 l) Fischfond,
200 g Möhrenwürfel, 200 g Staudenselleriewürfel, 200 g Frühlingszwiebelringe
Salz, frisch gemahlener Pfeffer, 2 EL gehackter Dill, 2 EL gehackte Petersilie,
1 EL feingeschnittener Schnittlauch

Für das Gemüse:
200 g Möhren, 4 Stangen Staudensellerie
150 g Champignons, 1 Bund Frühlingszwiebeln, 1 kleiner Kohlrabi, 30 g Butter
Salz, frisch gemahlener Pfeffer,
125 ml (1/8 l) Weißwein, 150 ml Schlagsahne

Die Lachsforelle unter fließendem kaltem Wasser abspülen, trockentupfen. Mit dem Zitronensaft beträufeln, etwa 15 Minuten stehenlassen. Den Fischfond mit Gemüsewürfeln und Frühlingszwiebeln in einem langen, schmalen Fischtopf zum Kochen bringen, etwas abkühlen lassen. Die Lachsforelle innen und außen mit Salz und Pfeffer bestreuen. In die Bauchöffnung Dill, Petersilie und Schnittlauch geben, mit Zahnstochern feststecken. Die Lachsforelle auf dem gelochten Einsatz einlegen. Den Fisch mit dem Fond wieder zum Kochen bringen, kurz aufwallen lassen, dann die Hitze zurückschalten. Den Fisch in etwa 8-10 Minuten im Dampf gar dünsten. Läßt sich eine Gräte ohne Widerstand aus dem Rücken der Lachsforelle ziehen, dann ist der Fisch gar. Für das Gemüse Möhren, Staudensellerie, Champignons, Frühlingszwiebeln und Kohlrabi putzen, waschen und in sehr feine Streifen schneiden. Das Grün der Frühlingszwiebeln in etwa 2 cm lange Stücke schneiden. In einem Topf die Butter zerlassen, das Gemüse hinzufügen, mit Salz und Pfeffer würzen und zugedeckt etwa 5 Minuten dünsten. Weißwein und Sahne verrühren, unter das Gemüse geben, erhitzen. Den Fisch sofort anrichten und mit dem Gemüse servieren.
Tip: Dazu Dillkartoffeln servieren.

Matjesfilets nach Hausfrauen-Art

6 Matjesfilets, 200 g Zwiebeln, 2 Äpfel,
2 Gewürzgurken, 375 ml (3/8 l) Schlagsahne, 4-5 EL Essig, 1 EL Senfkörner,
8 Pfefferkörner

Die Matjesfilets 1-2 Stunden wässern, gut abtropfen lassen, in etwa 2 cm große Stücke schneiden. Für die Sahnesauce Zwiebeln abziehen, die Äpfel schälen, vierteln, entkernen, in Stücke schneiden. Gewürzgurken und Zwiebeln in Scheiben schneiden. Schlagsahne mit Essig, Senf- und Pfefferkörnern verrühren. Apfelstücke, Zwiebel- und Gurkenscheiben hinzufügen. Die Matjesfilets in die Sauce legen, etwa 24 Stunden darin ziehen lassen.
Tip: Dazu Pellkartoffeln servieren.

Obstbäume verwandelten früher unscheinbare Landstraßen und schmale Feldwege zu prächtig blühenden Alleen. Viel ist von diesen reichtragenden Paraden nicht geblieben, wohl aber die Liebe zum Obst. Das hat wenig mit Nostalgie, aber viel mit Geschmack zu tun. Äpfel, Birnen, Pflaumen, Kirschen, Stachel- und Johannisbeeren gibt es in fast jedem Garten – und kommen entsprechend häufig als Kompott auf den Tisch.
Das adelt den „Armen Ritter", macht die Rote Grütze zum vitaminreichen Energiedessert, verfeinert Eierkuchen, Püfferchen und Pudding. Die Bielefelder preisen darüber hinaus „Aprikosenhörnchen", die Detmolder offerieren ihre „Lippischen Rosen" und die Münsteraner schwören auf „Pumpernickel-Parfait".
Keine Frage, die Westfalen sind Naschkatzen. Wer ihre Ideen probiert, weiß auch warum!

Pudding mit Kirschen und Pumpernickel

(Foto Seite 106/107)

250 g Sauerkirschen, 50 g Zucker, 100-150 g geriebener Pumpernickel, 1-2 EL Kirschwasser, 500 ml (1/2 l) Milch, 1 Päckchen Puddingpulver, Vanille- oder Mandelgeschmack, 2 schwach gehäufte EL Zucker, 1 Eigelb, 1 Eiweiß, Sahne zum Verzieren

Sauerkirschen waschen, entstielen, entsteinen, mit Zucker bestreuen und stehenlassen. Sobald die Kirschen Saft gezogen haben, sie kurz erhitzen, bis sie weicher sind, dann kalt stellen. Die Kirschen abtropfen lassen (einige zum Garnieren aufheben) mit 4 Eßlöffeln von dem Saft, Pumpernickel (etwas zum Garnieren aufheben) und Kirschwasser vermengen. Knapp 1/3 hoch in eine Glasschale oder in Portionsschälchen füllen. Von der kalten Milch 4 Eßlöffel abnehmen und damit das Puddingpulver, den Zucker und das Eigelb anrühren. Die übrige Milch zum Kochen bringen, die Milch von der Kochstelle nehmen, das angerührte Puddingpulver hineingeben und unter Rühren gut aufkochen lassen, den steifen Eischnee unter die heiße Masse rühren. Den Pudding auf die Kirschen füllen und erkaltet mit den zurückgelassenen Kirschen, Pumpernickelbröseln und geschlagener Sahne garnieren.

Schmandkuchen

1 Päckchen (42 g) Hefe, 50 g Zucker, 1 Prise Salz, 250 ml (1/4 l) lauwarme Milch, 500 g Weizenmehl, 2 EL Speiseöl, 100 g Rosinen, 375 ml (3/8 l) kalte Milch, 1 Päckchen Puddingpulver, Vanillegeschmack, 20 g Speisestärke, 75 g Zucker, 3 Becher (je 250 g) Schmand, 75 g Zucker

Das Päckchen Hefe zerbröckeln, mit Zucker, Salz, 10 Eßlöffeln von der angegebenen Milchmenge verrühren und etwas stehenlassen. Das Weizenmehl in eine Rührschüssel sieben, in die Mitte eine Vertiefung eindrücken, die aufgelöste Hefe hineingeben und etwa 1/2 cm dick mit Weizenmehl bestreuen. Das Speiseöl an den Rand des Mehls geben. Sobald das auf die Hefe gestreute Mehl stark rissig wird, von der Mitte aus die Hefe mit dem Mehl und den übrigen Zutaten mit dem Knethaken eines elektrischen Handrührgerätes zuerst auf der niedrigsten, dann auf der höchsten Stufe in etwa 5 Minuten zu einem Teig verarbeiten. Den Teig an einem warmen Ort so lange gehen lassen, bis er etwa doppelt so hoch ist. Nochmals gut durchkneten und auf einem gut gefetteten Backblech ausrollen, die verlesenen Rosinen über den Teig streuen. Den Teig nochmals gehen lassen. Für den Belag etwa 6 Eßlöffel Milch zum Anrühren des Puddingpulvers und der Speisestärke zurücklassen. Die restliche Milch mit dem Zucker zum Kochen bringen,

Puddingpulver und Stärke unter Rühren hineingeben. Kurz aufkochen lassen, den Pudding während des Erkaltens ab und zu umrühren. Zwei Becher Schmand unterrühren und die Puddingcreme auf dem Teig verteilen. Das Backblech in den vorgeheizten Backofen schieben und bei etwa 200 °C (Heißluft etwa 180 °C) etwa 30 Minuten backen. Restlichen Schmand und Zucker gut verrühren, nach der angegebenen Backzeit auf den Kuchen streichen und den Schmandkuchen nochmals für etwa 5 Minuten in den Backofen schieben.

Pumpernickel-Sterntaler

100 g Doppelrahm-Frischkäse,
2 EL Schlagsahne, 10 Pumpernickeltaler,
100 g Erdbeeren

Frischkäse mit der Gabel zerdrücken, mit Schlagsahne geschmeidig rühren und bis auf einen Rest zum Garnieren auf runde Pumpernickeltaler streichen. Erdbeeren waschen, gut abtropfen lassen, in Scheiben schneiden, sternförmig auf der Käsemasse anrichten. Restliche Frischkäsemasse in einen Spritzbeutel füllen und Pumpernickel mit Frischkäsetupfen garnieren.
Tip: Statt Erdbeeren können Sie auch andere Obstsorten verwenden, wie z. B. Kirschen, Blaubeeren oder Himbeeren.

Pumpernickel-Parfait

(Für 6 Personen)

500 g Pumpernickel, 2 Eigelb,
25 g Zucker, 250 ml (1/4 l) Schlagsahne,
2 Eiweiß, 50 g Zucker

Den Pumpernickel reiben. Eigelb und Zucker schaumig rühren und mit den Pumpernickelbröseln vermengen. Sahne und Eiweiß mit 50 g Zucker steif schlagen und unter die Masse ziehen. Alles zum Einfrieren in eine entsprechende Schale füllen. Vor dem Servieren das Parfait etwa 30 Minuten in den Kühlschrank stellen, in sechs gleich große Portionen teilen und auf Dessertteller anrichten.
Tip: Dazu eine selbstgemachte **Kirschsauce** reichen. Dafür 250 g Sauerkirschen waschen, entstielen, entsteinen, in einen Topf geben. 250 ml (1/4 l) Rotwein, 100 g Zucker, 1 Stück Zitronenschale (unbehandelt) und Salz hinzufügen. Unter Rühren zum Kochen bringen, etwa 15 Minuten kochen lassen. Den Topf von der Kochstelle nehmen, die Fruchtmischung durch ein Sieb streichen, einmal aufkochen lassen. 2 Teelöffel Speisestärke mit 1-2 Eßlöffeln kaltem Wasser anrühren. Die Flüssigkeit damit binden. Die Sauce mit 1-2 Eßlöffeln Kirschwasser abschmecken, heiß oder kalt servieren.

Westfälische Aprikosenhörnchen

(Foto)

250 g Weizenmehl, Type 405, 1 Päckchen Trocken-Backhefe, 1 gehäufter EL Zucker, Salz, 1 Ei, 200 g zerlassene, ausgekühlte Butter oder Margarine, 5 EL lauwarme Milch, 250 g Aprikosenkonfitüre, 1 Eigelb, 1 EL Schlagsahne oder Milch

Das Mehl in eine Rührschüssel sieben und sorgfältig mit der Hefe vermischen. Zucker, Salz, Ei, Butter oder Margarine und die Milch hinzufügen. Die Zutaten mit dem Knethaken eines Handrührgerätes zunächst auf niedrigster, dann auf höchster Stufe in etwa 5 Minuten zu einem glatten Teig verarbeiten. Sollte er kleben, noch etwas Mehl hinzufügen (aber nicht zu viel, der Teig muß weich bleiben). Den Teig abgedeckt so lange an einem warmen Ort gehen lassen, bis er sich sichtbar vergrößert hat. Den Teig aus der Schüssel nehmen und auf der Tischplatte nochmals kurz durchkneten. Den Teig auf der bemehlten Arbeitsfläche etwa 1/2 cm dick zu einem Rechteck ausrollen und in 8 cm große Quadrate schneiden. Auf jedes Quadrat etwas Konfitüre geben, die Quadrate über Eck zusammenrollen und zu Hörnchen biegen. Die Hörnchen auf ein mit Backpapier ausgelegtes Backblech legen und etwa 1 Stunde gehen lassen. Eigelb und Sahne oder Milch verquirlen, die Hörnchen damit bestreichen. Das Backblech in den vorgeheizten Backofen schieben und bei etwa 200 °C (Heißluft etwa 180 °C) etwa 15 Minuten backen.

Tip: Aprikosenhörnchen schmecken am besten, wenn sie handwarm mit Butter gegessen werden.

Rhabarberquarkspeise

500 g Rhabarber, 100 g Zucker, 2 Päckchen Vanillin-Zucker, 500 g Speisequark, 125 ml (1/8 l) Schlagsahne, 40-60 g Zucker, 1-2 EL Zitronensaft

Rhabarber putzen, waschen, in etwa 2 cm lange Stücke schneiden. Die Rhabarberstücke in einen Topf geben, mit dem Zucker bestreuen und etwa 1/2 Stunde zum Saftziehen stehenlassen. 1 Päckchen Vanillin-Zucker hinzufügen. Den Rhabarber im geschlossenen Topf zum Kochen bringen, gar dünsten, dann erkalten lassen. Den Speisequark mit der Schlagsahne verrühren, Vanillin-Zucker, Zucker und Zitronensaft unterrühren. Abwechselnd Quark und Rhabarber in eine Glasschüssel schichten.

Tip: Die Haupterntezeit von Rhabarber ist April bis Juli.

Kaffeeschnitten mit Rosinen und Korinthen

Für den Rührteig:
250 g Butter oder Margarine,
200 g Zucker, 1 Päckchen Vanillin-Zucker,
1/2 Fläschchen Backöl Zitrone oder
1 Fläschchen Rumaroma, Salz, 5 Eier,
500 g Weizenmehl, Type 405,
4 gestrichene TL Backpulver, knapp
125 ml (1/8 l) Milch

Für den Belag:
125 g Korinthen, 250 g Rosinen,
100 g feingewürfeltes Zitronat (Sukkade),
50 g Hagelzucker, 50 g abgezogene,
gehobelte Mandeln

Für den Rührteig Butter oder Margarine mit dem Rührbesen des Handrührgerätes geschmeidig rühren. Zucker, Vanillin-Zucker, Backöl oder Rumaroma und Salz so lange unterrühren, bis eine gebundene Masse entstanden ist. Nach und nach die Eier unterrühren. Mehl und Backpulver mischen, sieben und abwechselnd mit der Milch eßlöffelweise auf mittlerer Stufe unterrühren, dabei nur so viel Milch verwenden, daß der Teig schwerreißend vom Löffel fällt. Den Teig etwa 1/2 cm dick auf ein gut gefettetes Backblech streichen. Vor den Teig einen mehrfach umgeknickten Streifen aus Alufolie legen.

Für den Belag Korinthen und Rosinen verlesen, mit Zitronat, Hagelzucker und Mandeln vermischen. Gleichmäßig auf den Teig verteilen. Das Backblech in den vorgeheizten Backofen schieben und bei 180-200 °C (Heißluft 160-180 °C) etwa 20 Minuten backen. Das erkaltete Gebäck in kleine Quadrate von etwa 5 x 5 cm schneiden.

Buttermilchgelee

1 Päckchen Blattgelatine, weiß oder rot,
kaltes Wasser zum Einweichen,
4 EL heißes Wasser, 500 ml (1/2 l) Buttermilch, 60 g Zucker, abgeriebene Zitronenschale, unbehandelt, 1 EL Zitronensaft,
125 ml (1/8 l) Schlagsahne

Gelatine 5 Minuten in kaltem Wasser einweichen, gut ausdrücken und mit dem heißen Wasser in einem kleinen Topf auflösen. Buttermilch mit Zucker verrühren und mit Zitronensaft und -schale abschmecken. Zunächst 3 Eßlöffel der Buttermilch mit der aufgelösten Gelatine verrühren, dann unter die übrige Buttermilch schlagen. Die Flüssigkeit in eine Glasschale oder in Dessertgläser füllen, in den Kühlschrank stellen, damit das Buttermilchgelee fest wird. Die Schlagsahne steif schlagen und das Gelee damit verzieren.
Tip: Dazu eine Fruchtsauce servieren.

Grießklöße mit Sauerkirschen

500 ml (1/2 l) Milch, 100 g Weizengrieß, 70-80 g Butter, 3 Eigelb, 1 Prise Salz, 50 g Zucker, 4 Zwiebäcke, 500 g Sauerkirschen, Saft und abgeriebene Schale einer Zitrone (unbehandelt), 100 g Zucker, 1 Zimtstange, 2 Nelken

Die Milch zum Kochen bringen. Grieß unter ständigem Rühren in die kochende Milch geben und in etwa 10-15 Minuten ausquellen lassen. 20-30 g Butter in kleinen Flocken hineingeben und nach und nach Eigelb, Salz und Zucker unterarbeiten. Die Zwiebäcke zerbröseln. Aus der Grießmasse mit nassen Händen Klöße formen, diese in den Zwiebackbröseln wälzen und in einer Pfanne in der restlichen Butter von beiden Seiten goldbraun braten. Warm stellen.
Die Sauerkirschen waschen, entstielen, entsteinen und mit Zitronensaft, abgeriebener Zitronenschale und Zucker bestreuen. Sobald die Früchte Saft gezogen haben, mit Zimtstange und Nelken zum Kochen bringen und bei schwacher Hitze in etwa 15 Minuten gar dünsten lassen. Die Gewürze entfernen und die Sauerkirschen heiß oder kalt mit den heißen Grießklößen servieren.
Tip: Dazu Schlagsahne reichen.

Erdbeeren mit Pumpernickel

(2-3 Portionen)

250 g Erdbeeren, 1 Scheibe Pumpernickel, 1 Becher (150 g) Crème fraîche, 2 EL Milch, 1 EL Korn, 1 EL Honig

Erdbeeren waschen, gut abtropfen lassen, entstielen, in eine Glasschale geben, kühl stellen. Pumpernickel fein reiben oder zerbröckeln. In einer Pfanne ohne Fett rösten und erkalten lassen. Crème fraîche mit Milch, Korn und Honig verrühren, über die Erdbeeren geben, mit den Brotbröseln bestreuen.

Birnenkompott

500 g Birnen, 250 ml (1/4 l) Wasser, 50 g Zucker, 1 Päckchen Vanillin-Zucker, 1 Zimtstange, 3 Gewürznelken

Birnen schälen, halbieren, entkernen. Wasser mit Zucker, Vanillin-Zucker, Zimtstange und Gewürznelken zum Kochen bringen. Die Birnen hineingeben, zum Kochen bringen, in etwa 10 Minuten weich kochen. Das Kompott erkalten lassen, die Gewürze entfernen, evtl. mit Zucker abschmecken.

Arme Ritter

(Foto)

300 ml Milch, 3 Eigelb, 3 EL Mandellikör
2 EL Zucker, 6 dicke Scheiben altbackenes
Kastenweißbrot, 3 Eiweiß, 75 g abgezogene, geriebene Mandeln, 50 g Butter

Milch mit Eigelb, Mandellikör und Zucker verrühren. Das Kastenweißbrot in eine Schale legen, mit der Eiermilch übergießen, einweichen lassen, bis die Milch aufgesogen ist. Das Eiweiß mit einer Gabel leicht anschlagen, die Brotscheiben in Eiweiß, dann in den Mandeln wenden. Die Butter zerlassen, die Brotscheiben darin von beiden Seiten knusprig braun braten und heiß servieren.
Tip: Dazu Zwetschenkompott und Zimt-Zucker servieren.

Quarkpüfferchen

250 g Speisequark, 3 EL Weizenmehl,
2 Eier, Zitronensaft, etwa 50 g Zucker,
Butter

Speisequark mit Weizenmehl, Eiern, Zitronensaft und Zucker verrühren. Butter in einer Stielpfanne erhitzen. Die Quarkmasse eßlöffelweise hineingeben, flachdrücken, langsam auf beiden Seiten goldbraun und knusprig backen.

Eierkuchen mit Obst

Etwa 1 kg mürbe Äpfel oder Bananen,
Kirschen, Pflaumen, Heidelbeeren,
225 g Weizenmehl, 1 Päckchen
Saucen Pulver Vanille-Geschmack,
2 gestrichene TL Backpulver, 2-3 Eigelb,
Salz, Zucker, 500 ml (1/2 l) Milch,
2-3 Eiweiß, 100 g Butterschmalz, Zucker

Äpfel schälen, vierteln, entkernen, in Scheiben schneiden. Bananen abziehen, in Scheiben schneiden. Kirschen oder Pflaumen waschen, entstielen, entsteinen. Heidelbeeren verlesen, waschen, gut abtropfen lassen. Weizenmehl mit Saucen-Pulver und Backpulver in eine Schüssel sieben, in die Mitte eine Vertiefung eindrücken. Eigelb mit Salz, Zucker und Milch verschlagen, etwas davon in die Vertiefung geben. Von der Mitte aus Eigelbmilch und Mehl verrühren. Nach und nach die übrige Eigelbmilch dazugeben, darauf achten, daß keine Klumpen entstehen. Eiweiß steif schlagen, zuletzt unter den Teig heben. Etwas von dem Butterschmalz in einer Stielpfanne zerlassen, eine dünne Teiglage hineingeben, einen Teil des Obstes darauf legen. Den Eierkuchen von beiden Seiten goldgelb backen. Bevor der Eierkuchen gewendet wird, etwas Fett auf die ungebackene Seite legen, die übrigen Eierkuchen auf die gleiche Weise zubereiten. Die Eierkuchen mit Zucker bestreuen.

Milchreis

1 l Milch, 1-2 EL Butter oder Margarine, Salz, 1 EL Zucker, Zitronenschale (unbehandelt), 175 g Milchreis (Rundkorn), Zucker, gemahlener Zimt

Milch mit Butter oder Margarine, Salz, Zucker und Zitronenschale zum Kochen bringen. Den Milchreis hineingeben, zum Kochen bringen, in etwa 40 Minuten ausquellen lassen. Den fertigen Milchreis mit Zucker und Zimt bestreuen.
Tip: Den Reis mit 30 g Zucker kochen, in einer kalt ausgespülten Form erkalten lassen, dann stürzen. Milchreis mit Kompott oder eingezuckerten rohen Beerenfrüchten reichen. In diesem Fall den Reis nicht mit Zimt, sondern mit Vanillin-Zucker bestreuen.

Sauerkirsch-Quark-Auflauf

3 Eier, 125 g Zucker, 75 g Grieß, 2 EL Zitronensaft, 500 g Magerquark, 460 g entsteinte, gedünstete Sauerkirschen (Inhalt von 1 großen Glas)

Die Eier trennen und das Eigelb mit dem Zucker cremig schlagen, mit Grieß, Zitronensaft und Magerquark verrühren. Das Eiweiß sehr steif schlagen, vorsichtig unter die Quarkmasse heben. Die Sauerkirschen gut abtropfen lassen, unter die Masse rühren und in eine gefettete Auflaufform füllen. Die Form auf dem Rost in den Backofen schieben und bei 200-220 °C (Heißluft 180-200 °C) etwa 35 Minuten backen.

Apfelpfannkuchen mit Zimtsauce

125 g Weizenmehl, 250 ml (1/4 l) Milch 1 EL Zucker, 2 Eier, 3 EL zerlassene Butter, 2 säuerliche Äpfel (z.B. Boskop), 4 EL Butterschmalz, 300 g (2 Becher) Crème fraîche, 1 TL gemahlener Zimt, 2 EL Calvados, 1 EL Zucker

Aus Mehl, Milch, Zucker und Eiern einen dickflüssigen Teig rühren. Zuletzt die zerlassene Butter unterrühren und zugedeckt etwa 20 Minuten quellen lassen. Inzwischen die Äpfel schälen, das Kerngehäuse ausstechen. Die Äpfel in dünne Scheiben schneiden. 1 Eßlöffel Butterschmalz in einer großen Pfanne erhitzen. 1/4 der Apfelscheiben darin fast weichdünsten, 1/4 Teig darübergießen, stocken lassen, dabei immer wieder den Teig vom Boden lösen. Den Pfannkuchen wenden und fertig braten. 4 Pfannkuchen herstellen und warm halten. Für die Sauce Crème fraîche mit Zimt, Calvados und Zucker cremig rühren und auf die Pfannkuchen geben.

Mehlpüfferchen

40 g Zucker, 2 Eier, 2-3 Tropfen Backöl Zitrone, 250 g Weizenmehl, 3 gestrichene TL Backpulver, 250 ml (1/4 l) Milch, 50 g Rosinen, 6 EL Speiseöl

Zucker mit den Eiern schaumig rühren und das Backöl hinzugeben. Mehl mit dem Backpulver mischen, sieben und abwechselnd mit der Milch unterrühren. Rosinen zuletzt unter den Teig heben. Etwas Speiseöl erhitzen, den Teig eßlöffelweise hineingeben, flachstreichen und von beiden Seiten backen.

Mirabellen mit Preiselbeersahne

500 g Mirabellen, 125 ml (1/8 l) Wasser, 50 g Zucker

Für die Preiselbeersahne:
250 ml (1/4 l) Schlagsahne, 250 g Preiselbeeren (aus dem Glas)

Mirabellen waschen, entstielen, halbieren, entsteinen. Das Wasser zum Kochen bringen, die Mirabellenhälften hineingeben, zum Kochen bringen, etwa 3 Minuten kochen lassen, mit Zucker bestreuen, nochmals kurz aufkochen lassen. Die Früchte erkalten und abtropfen lassen.
Für die Preiselbeersahne die Sahne steifschlagen. Preiselbeeren abtropfen lassen, mit den Mirabellenhälften vorsichtig unter die Schlagsahne heben, in eine Glasschüssel oder in Gläser füllen.

Johannisbeeren mit Schneeklößchen

500 g rote Johannisbeeren, 500 ml (1/2 l) Milch, 3 TL Speisestärke, 50 g Zucker, 1/2 Vanilleschote, 1 Ei, 1 TL Zitronensaft, 1 EL Zucker, 500 ml (1/2 l) Wasser

Johannisbeeren waschen, abtropfen lassen. Die Beeren mit einer Gabel von den Stielen streifen, in eine Schüssel geben. Von der Milch 4-6 Eßlöffel abnehmen und die Speisestärke damit anrühren. Zucker mit der restlichen Milch und der Vanilleschote zum Kochen bringen. Die angerührte Stärke hineinrühren, aufkochen lassen, von der Kochstelle nehmen. Das Ei trennen, das Eigelb in die Milch geben, unterrühren und noch heiß über die Beeren gießen. Danach die Masse kalt stellen. Das Eiweiß mit Zitronensaft und Zucker sehr steif schlagen. Das Wasser zum Kochen bringen, mit einem Teelöffel kleine Klößchen abstechen und auf das Wasser geben. Bei geschlossenem Topf 5 Minuten ziehen lassen.
Das Wasser darf nur leicht köcheln. Die Klößchen auf die Johannisbeeren setzen.

Lippische Rosen

(Foto)

50 g Speisestärke, 50 g Weizenmehl, Salz, 1 TL Zucker, 1 Päckchen Vanillin-Zucker, 2 Eier, 125 ml (1/8 l) Milch, Butterschmalz oder Schmalz zum Ausbacken, Puderzucker zum Bestreuen

Speisestärke und Mehl in eine Schüssel sieben, Salz, Zucker, Vanillin-Zucker, Eier und die Milch hinzufügen. Mit einem Handrührgerät mit Rührbesen zu einem glatten Teig verrühren. Etwa 20 Minuten quellen lassen. Das Waffelrädchen zuerst in heißes Fett halten, um es zu erhitzen, dann zweimal so in den Teig tauchen, daß der obere Rand nicht von der Teigmasse bedeckt ist. Anschließend so lange in heißes Fett halten (etwa 1/2 Minute), bis die Waffel leicht gebräunt ist. Die übrigen Rosen in gleicher Weise herstellen. Die Rosen auf Küchenpapier abtropfen lassen und mit Puderzucker bestäuben.
Tip: Die Waffelrädchen für die Waffelbäckerei erhalten Sie in Haushaltsfachgeschäften.

Stachelbeergrütze

500 g Stachelbeeren, 125 ml (1/8 l) Wasser, 175 g Zucker, 60 g Speisestärke, 125 ml (1/8 l) kaltes Wasser

Stachelbeeren von Stiel und Blüte befreien, waschen, gut abtropfen lassen. Mit Wasser und Zucker zum Kochen bringen und weichkochen lassen. Speisestärke mit Wasser verrühren und unter Rühren in die kochenden, von der Kochstelle genommenen Stachelbeeren geben. Kurz aufkochen lassen und die Grütze in eine kalt ausgespülte Form oder Glasschlüssel füllen. Einige Stunden kalt stellen.
Tip: Man reicht die Stachelbeergrütze mit Vanillesauce oder mit Milch.

Rote Grütze

250 g Brombeeren, 250 g Johannisbeeren, 500 g Himbeeren, 250 g Erdbeeren (alle Früchte vorbereitet gewogen), 375 ml (3/8 l) Wasser, 125 g Zucker, 45 g Speisestärke, 125 ml (1/8 l) Weißwein

Die Brombeeren und 2/3 der übrigen Früchte mit Wasser und Zucker zum Kochen bringen. Die Früchte gar kochen lassen, durch ein Sieb streichen. Speisestärke mit 4 Eßlöffeln Weißwein anrühren und die Fruchtmasse damit binden. Den restlichen Weißwein und die Früchte unterrühren. Die Rote Grütze in eine Glasschale oder in Dessertschälchen füllen, kalt stellen.
Tip: Dazu steifgeschlagene Schlagsahne oder Vanillesauce servieren.

Bratäpfel

(Foto)

8 mittelgroße Äpfel, 1-2 EL Butter,
1-2 EL Zucker, 1 Päckchen Vanillin-Zucker,
2 EL abgezogene gemahlene Mandeln,
1 EL in Rum eingeweichte Rosinen,
Puderzucker

Die Äpfel waschen, abtrocknen, nicht schälen, von der Blütenseite her ausbohren, aber nicht ganz durchstechen. Die Äpfel in eine gefettete Auflaufform oder auf gefettete, feuerfeste kleine Teller setzen. Butter, Zucker, Vanillin-Zucker und die gemahlenen Mandeln gut miteinander verrühren, die Rosinen unterheben. Diese Masse mit einem Teelöffel in die Äpfel füllen, evtl. etwas Rum in die Form gießen. Auf dem Rost in den Backofen schieben und bei 200-220 °C (Heißluft 180-200 °C) etwa 30-45 Minuten weich backen. Mit Puderzucker bestreuen.

Westfälischer Traum

1 Scheibe Pumpernickel, 125 ml (1/8 l)
Kefir, 375 ml (3/8 l) frischer Orangensaft,
125 ml (1/8 l) Milch, 3 TL Honig

Pumpernickel fein hacken, mit Kefir in ein Glas geben, gut verschlagen. Die übrigen Zutaten hinzufügen, vermischen, gut gekühlt in Bechergläsern servieren.

Welfenspeise

Für die Creme:
500 ml (1/2 l) Milch, 2 Eiweiß, 30 g Speisestärke, 50 g Zucker, 1 Päckchen Vanillin-Zucker, 2 Eiweiß

Für die Weinschaumsauce:
1 Ei, 2 Eigelb, 1 gestrichener EL Speisestärke, 50 g Zucker, 250 ml (1/4 l) Weiß- oder Apfelwein, abgeriebene Schale 1/2 Zitrone (unbehandelt), 1 EL Zitronensaft, Schokoladenstreusel, etwas Schlagsahne

Für die Creme etwas von der Milch zum Anrühren der Speisestärke zurücklassen. Das Eiweiß steif schlagen. Milch, Zucker und Vanillin-Zucker zum Kochen bringen, von der Kochstelle nehmen und die angerührte Speisestärke unter Rühren hineingeben. Kurz aufkochen lassen, den Eischnee schnell und locker unter die heiße Masse rühren. Die Speise in eine Glasschüssel füllen (darf nur halb gefüllt sein) und kalt stellen.
Für die Weinschaumsauce die restlichen Zutaten in einen Kochtopf geben und gut verrühren. Im Wasserbad so lange mit dem Schneebesen durchschlagen, bis eine dicke Kochblase aufsteigt, aber nicht kochen lassen. Die erkaltete Weinschaumsauce nach etwa 20 Minuten auf die weiße Creme geben. Die Welfenspeise am Rand mit Schokoladenstreuseln garnieren und nach Belieben mit Sahne verzieren.

Piepenkerl

(Foto, 8 Stück)

500 g Weizenmehl Type 405, 1 Päckchen Trocken-Backhefe, abgeriebene Schale 1 Zitrone (unbehandelt), etwa 2 g Safranpulver, etwas gemahlener Zimt, 100 g zerlassene Butter, 1 Ei, 250 ml (1/4 l) lauwarme Milch, 100 g Zucker, 40 g Rosinen, 1 Eigelb, etwas Kakaopulver oder gemahlener Zimt, 16 Rosinen, einige abgezogene gestiftelte Mandeln, eine abgezogene Mandel, 8 Tonpfeifen

Weizenmehl in eine Schüssel sieben, mit Hefe, abgeriebener Zitronenschale, Safranpulver und Zimt vermengen. Butter, Ei, Milch und Zucker in die Mehl-Gewürz-Mischung geben und alles mit dem Knethaken eines Handrührgerätes zuerst auf der niedrigsten und dann auf der höchsten Stufe in etwa 5 Minuten zu einem glatten Teig verarbeiten. Die verlesenen Rosinen unterkneten und den Teig zugedeckt an einem warmen Ort etwa 30 Minuten gehen lassen. 1-1 1/2 cm dick ausrollen, Stutenkerle formen, die Armkonturen mit Hilfe eines Messers formen. Aus den Teigresten kleine Rollen und Kordeln formen, die Stutenkerle nach Belieben damit verzieren. Unter den linken Arm der Stutenkerle Tonpfeifen schieben und die Stutenkerle an einem warmen Ort nochmals gehen lassen. Das Eigelb verquirlen, eine Hälfte davon abnehmen und mit Kakaopulver oder Zimt verrühren. Die Stutenkerle mit dem Eigelb und dem Eigelb-Gemisch unterschiedlich bestreichen. Als Augen Rosinen, als Mund und Nase gestiftelte Mandeln und als Knöpfe abgezogene, halbierte Mandeln in den Teig drücken. Die Stutenkerle auf ein mit Backtrennpapier ausgelegtes Backblech legen. In den vorgeheizten Backofen schieben und bei 180-200 °C (Heißluft 160-180 °C) etwa 20 Minuten backen.

Westfälische Götterspeise

2 Äpfel, 2 EL Zitronensaft, 125 ml (1/8 l) Wasser, 500 ml (1/2 l) Schlagsahne, 3 EL Puderzucker, 150 g Pumpernickel, 100 g Makronen, 100 g gemahlene Haselnüsse, 24 entsteinte Sauerkirschen

Die Äpfel schälen, vierteln, entkernen, in dünne Scheiben schneiden, in Zitronenwasser 5 Minuten garen, auf ein Sieb geben, abtropfen lassen. Die Sahne mit dem Puderzucker steif schlagen. Pumpernickel und Makronen fein zerbröseln und die gemahlenen Haselnüsse hinzugeben. Sahne, Pumpernickel, Makronen, Kirschen und Apfelspalten abwechselnd in hohe Gläser schichten.

Register nach Kapiteln

Suppen und Eintöpfe

Gemüse und Kartoffeln

Fleisch und Geflügel

Wild und Kaninchen

Fisch

Nachspeisen

Umwelthinweis	Dieses Buch und der Schutzumschlag wurden auf chlorfrei gebleichtem Papier gedruckt. Die Einschrumpffolie – zum Schutz vor Verschmutzung – ist aus umweltfreundlicher und recyclingfähiger PE-Folie.
	Die Rezepte sind – wenn nicht anders angegeben – für 4 Personen berechnet.
	Beim Kochen und Backen mit Gasherden beachten Sie bitte die Angaben des Herstellers.

Für die freundliche Unterstützung danken wir	Gabriele Fiedler PR, Hamburg CMA, Bonn

Redaktion	Jasmin Gromzik
Grafische Gestaltung	Reiner Haselhorst, Werther
Text	Doris Pieper, Rheda-Wiedenbrück
Beratung und Rezeptentwicklung	Ursula Stiller, Bielefeld
Titelfoto	Norbert Toelle, Bielefeld
Foodstyling	Ursula Stiller, Bielefeld
Fotos Landschaften	Dieter Rensing, Münster
Fotos Rezepte	Fotostudio Büttner, Bielefeld Thomas Diercks, Hamburg Herbert Maass, Hamburg Christiane Pries, Bielefeld Norbert Toelle, Bielefeld Brigitte Wegner, Bielefeld Arnold Zabert, Hamburg
Satz	Typografika, Bielefeld
Reproduktion	Kruse Reproduktionen GmbH, Vreden
Herstellung	Mohndruck, Graphische Betriebe, Gütersloh

ISBN 3-7670-0510-7